▲口絵１＝オイリュトミー。　▼口絵２＝シュタイナー学園の１年生の教室。

▶口絵3＝2年生の教室。

◀口絵4＝4年生の教室。

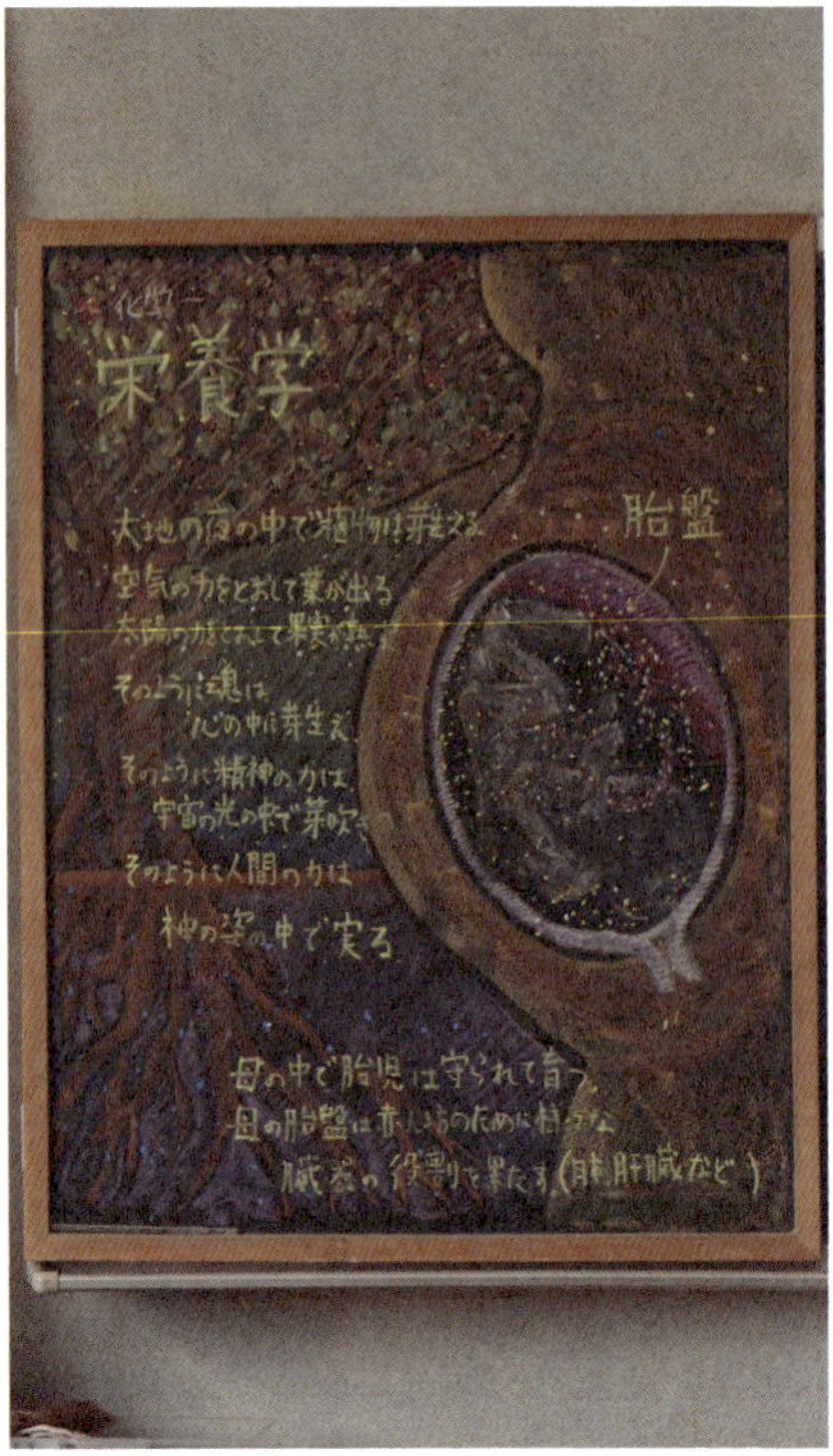

▶口絵5＝黒板絵①。

◀口絵6＝黒板絵②。

▲口絵７＝フォルメン線描。　▼口絵８＝エポックノート。

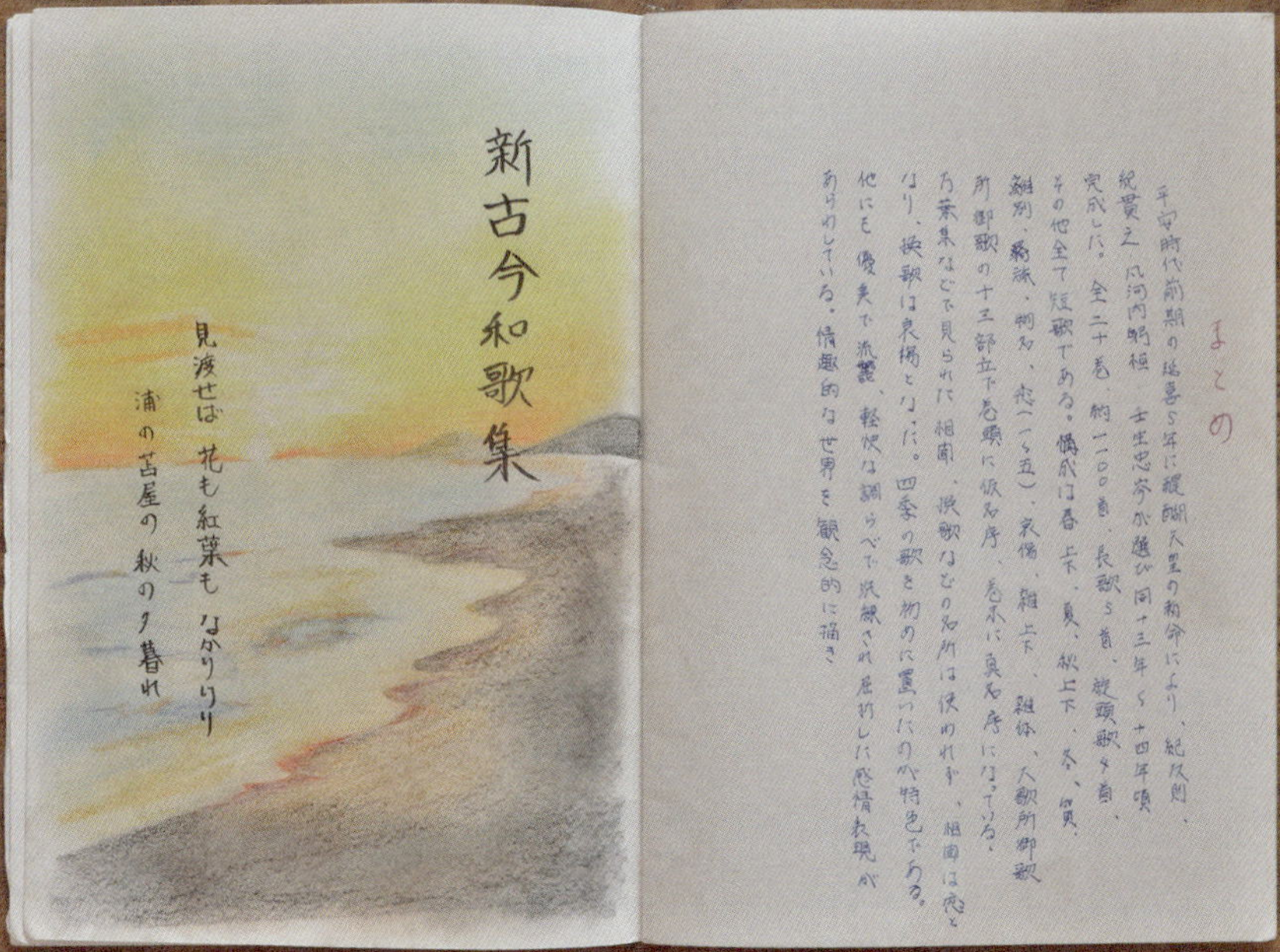

▲口絵９＝「米作り」。　▼口絵 10 ＝「家作り」。

マンガでやさしくわかるシュタイナー教育

井藤 元 著
ユニバーサル・パブリシング シナリオ制作
山中こうじ 作画
シュタイナー学園 協力

日本能率協会マネジメントセンター

はじめに

ドイツで生まれ、**オルタナティブ教育**（従来の学校教育の枠《わく》にとらわれない教育）の代表格として知られる**シュタイナー教育**は、モンテッソーリ教育とならび、教育界では世界的に有名な教育実践です。

２０１９年、シュタイナー教育を行う**シュタイナー学校**は、創設１００周年を迎えました。

教科書がなくテストもない、この一風《いっぷう》変わった学校で、子どもたちは国語、算数、理科、社会……すべての科目を芸術的に学んでいます。

ＮＨＫ「クローズアップ現代」の「〝ＡＩに負けない〟人材を育成せよ　～企業・教育　最前線～」（２０１９年4月25日放送）では、アメリカ・シアトルのＩＴエリートが通《かよ》わせている学校として紹介されるなど、シュタイナー教育はこれからの時代を生き抜く力を育《はぐく》む教育として注目を集めています。

シュタイナー教育は、オーストリア・ハンガリー帝国領生まれの思想家**ルドルフ・シュタイナー**（Rudolf Steiner, 1861-1925）によって創始されました。

１９１９年、ドイツのシュトゥットガルトに最初のシュタイナー学校（**自由ヴァルドルフ学校**）が設立されて以来、シュタイナー教育を行う学校の数は増え続け、現在、世界におよそ１１００校あるといわれています。幼稚園に至っては１８００園以上。シュタイナー教育は特に幼児教育の領域《りょういき》で広く受容《じゅよう》されています。

普及《ふきゅう》している国や地域もさまざまで、ヨーロッパを中心として、北アメリカ、中近東、アジア、アフリカ、中南米、オーストラリアなど世界60数カ国に設立されています。特定の宗教的背景をもたない私立学校としては最大規模といわれています。

わが国にもシュタイナー学校は存在します。日本シュタイナー学校協会会員の全日制シュタイナー学校は、次のとおりです（２０１９年9月現在）。

◉学校法人のシュタイナー学校

- **北海道シュタイナー学園いずみの学校**　**＊幼稚園・高等学園はＮＰＯ法人**
- **シュタイナー学園（神奈川県）**

◉ＮＰＯ法人のシュタイナー学校

・東京賢治《けんじ》シュタイナー学校
・横浜シュタイナー学園
・愛知シュタイナー学園
・京田辺《きょうたなべ》シュタイナー学校
・福岡シュタイナー学園

本書で紹介する、神奈川県相模原《さがみはら》市のシュタイナー学園は、アジアで初めて創設されたシュタイナー学校です。

なお本書では、シュタイナー学校全般について解説する際には「シュタイナー学校」、相模原市のシュタイナー学校の事例を示す際には「シュタイナー学園」と表記しています。

シュタイナー教育はあまりに独特なので、初めて出会う方にとっては、じつに不思議な、謎だらけの実践に感じられるでしょう。最初のうちは頭の中がハテナだらけになってしまうかもしれません。

けれども、まずはハテナの前で立ち止まり、シュタイナー教育の考え方にじっくりと耳を傾けていただければと思います。

シュタイナー教育の実践とそれを支える思想は、きっと教育のあり方そのものを問い直すための視点を与えてくれるはずです。

私たちの中にある、いわゆる「常識的な教育」の姿は、多様なバリエーションの中のひとつの形にすぎないことに気づかせてくれるのです。

そして、本書を読み進める中で、みなさんの中にある教育観（教育についての価値観）そのものに目を向けていただきたいと思います。

シュタイナー教育との出会いが、「常識的な教育」のイメージを相対化《そうたいか》し、「教育とは何か、どうあるべきか」をめぐる根源的《こんげん》な問いと向き合うためのきっかけになることを願いつつ……早速《さっそく》シュタイナー教育の門をたたくことにしましょう。

井藤《いとう》 元《げん》

『マンガでやさしくわかる シュタイナー教育』 目次

エピローグ

無限の可能性に目を向ける

——Story 5 ✣ 出発点に立って

エピローグ解説

シュタイナー教育の実践とは

プロローグ

シュタイナー教育との出会い

Story 0

理想へのヒント？

キーンコーン
カーンコーン
針谷小学校
チャイムとともに
子どもたちを席に着《つ》かせて
3年2組
ほら みんな席に着いて!
授業を始めること——
中休みは終わったの!
八塚《やつか》 早苗《さなえ》 (31)
小学校教員
これがなかなか難しいんです
ガヤ
ガヤ
3時間目始まるよ~!!
ガヤ
ガヤ

きりーっ
きをつけ～
あっ 先生！
燕《つばめ》ちゃんがいませーん
またか
本当？
ガラッ
あっ 燕ちゃん！
伊地知《いじち》 燕《つばめ》（8）
お前 おせーよ チャイムで戻ってこなきゃダメだろ
フン
自分も チャイム鳴ってても 遊んでたでしょ…
ムッ
そんなこと 誰が決めたの そんな法律あんの？
ねー先生 ダメだよね～
えっ？

少しのはみ出しでも許すと みんなが真似《まね》してしまうので…
そうだね ダメだね
…イヤな言葉！
どうして ダメなの
学校の きまり だから
イヤな言葉 その2!!
今年の受け持ちは3年生…子どもたちの中に「自分」が生まれ始める分トラブルも多い年ごろ…
勉強も ちょっと難しくなってきます
先生！ 花を咲かせない植物もあるでしょ？
そうだね あるね
そんな植物も種《たね》を作れるの？
それはね…
キーンコーンカーンコーン

キーンコーンカーンコーン
せっかく子どもたちがノッてきてたのに〜!!
残念! 続きはまた今度ね
え〜〜…
思いきり時間使って授業したいなあ…
きりーつ
…なんて残念に思っているひまもありません
次は国語…
ここはどうやって教えるか…
せんせー見て見て〜
せんせい描いたよー
ごめん ちょっと待って〜
キーンコーンカーンコーン
多くの教科を バラバラに教えなければいけないので なかなか 十分な準備ができないのです

「そこでふたりは答えました」

ああ…私 ただ教科書読むだけになっちゃってる… みんな退屈そう…

みんなが目を輝《かがや》かせるような面白い授業がしたいのに…!!

授業の手ごたえが感じられなかった分 休み時間もできるだけ子どもたちと接しようと心がけていますが…

いくぞ〜

ワーワー
新任のころ膀胱炎《ぼうこうえん》になった悪夢の記憶がよみがえります…

えい!

休憩《きゅうけい》もできない トイレにも行けない…

先生本気出してー
よーし
おりゃー
草刈《くさかり》 正彦《まさひこ》(60)
校長
放課後《ほうかご》になってもノンストップ!!
放課後も会議に校務《こうむ》
学級事務にも追われて
気がつくと…
ゲッ
もう お迎えタイム
もしもしパパ？ ごめん 今日もお迎《むか》え お願いできる？
お任せあれ
サンキュー!! さすが ミスターパーフェクト！

ただいま～
おかえり～
ママ だっこー!!
タタタタ
八塚《やつか》 琢磨《たくま》(4)
早苗の息子
おっ 来たな
ママー
ヨイショ
疲《つか》れた体には 重いぞ４歳児!!
もうお風呂にも 入れといたから
八塚《やつか》 三成《みつなり》(31)
早苗の夫
ありがと～!

その手際《てぎわ》のよさ ちょっと分けてよ
私の夫は 仕事も家事も バリバリこなす人 ですが…
…って なにエプロンしてんの!?
なんか 今夜は 料理もできそうな気が…
料理だけは なぜか壊滅《かいめつ》的に 苦手なので…
それだけは やめて!!
遅くなっても 夕食は私の担当です
さすが
ジュ〜
お待たせ〜! みんなで食べよう!!
いただき ま〜す!
キャサリンは 地下室に 下りていった
すると そこには…

こぼしてるよ
琢磨
んー…
テレビばっかり見てるからじゃないの？
……ごちそうさまする
もう？ お野菜残してるじゃない
もうねむい～
ダメ！
いやだ～！
ママいや!!

にんじん…
琢磨！ ママにニンジンをぶつけるのはやめなさい
ママうるさいっ!!
スー
「ママいや」かぁ…
素直な子だったのに…
ストレスで余裕なくて…頭ごなしに言ったから…
子どもが好きで教員になったはずなのに…
職場でも家でも思うような教育ができてない…
このままじゃダメだ…
何のために働いてるんだろう…
教師になるべきじゃなかったのかな…
は〜

数日後――
東都教育大学キャンパス
このままだと…学校も 自分の子育ても中途半端だなって…
それでたまの振替休日《ふりかえきゅうじつ》に恩師《おんし》に愚痴《ぐち》りにきたわけだ
藤本《ふじもと》 桜麻《さくらお》（45）
准教授《じゅんきょうじゅ》・教育学研究者
どっちも中途半端になるくらいなら…いっそのこと…
……

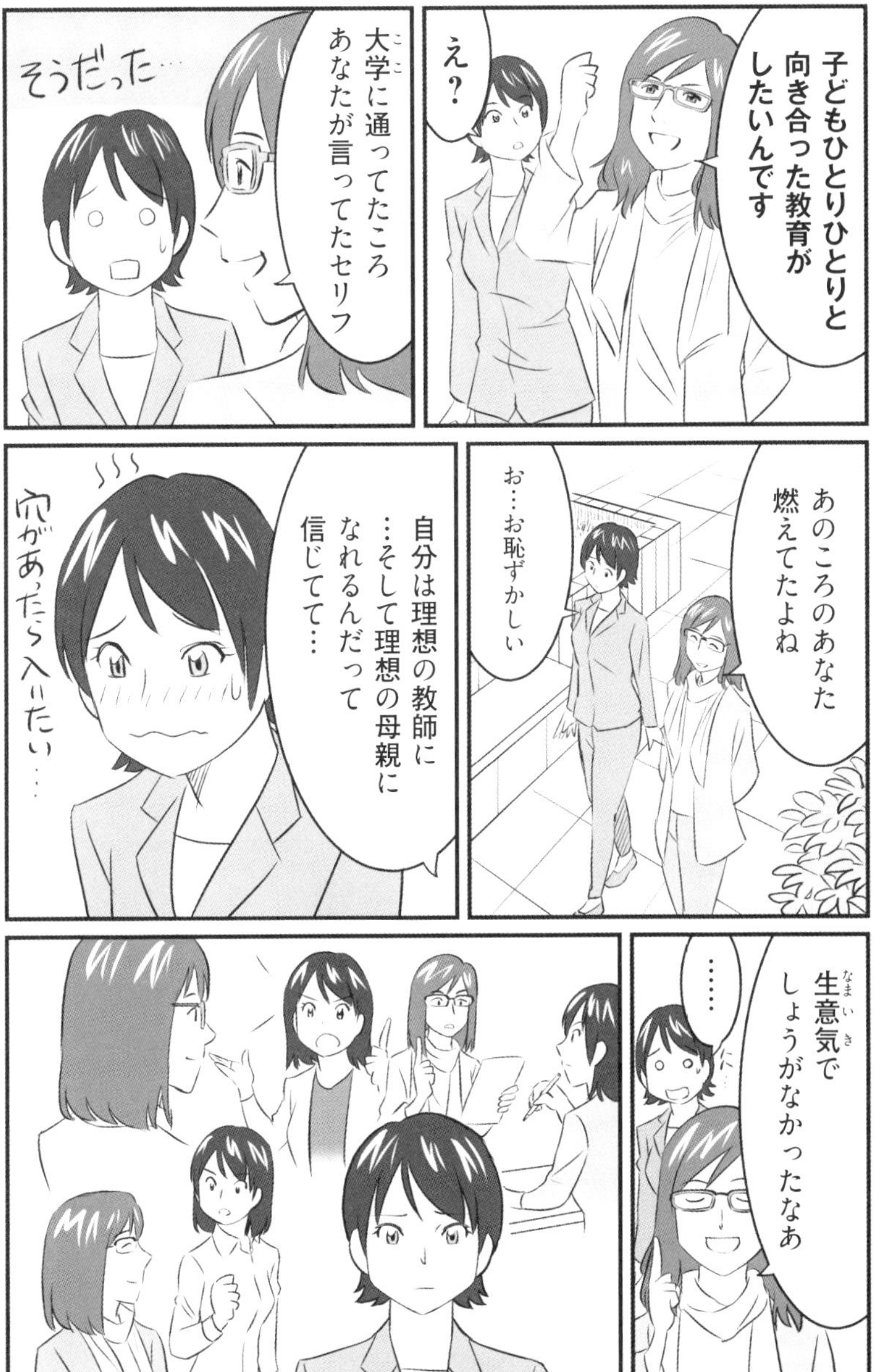
子どもひとりひとりと向き合った教育がしたいんです
え？
大学《ここ》に通ってたころあなたが言ってたセリフ
そうだった…
あのころのあなた燃えてたよね
お…お恥ずかしい
自分は理想の教師に…そして理想の母親になれるんだって信じてて…
穴があったら入りたい…
生《なま》意《い》気《き》でしょうがなかったなあ
……
に…

…教育は なかなか 理想どおりには いかないからね
…………
これまで 必死で がんばってきたんでしょう 休んでも… 辞《や》めてもいいと思うよ
……
本当は… あきらめたく ないんです
理想の教師にも… 理想の母親にも なりたい…!!

でも…どうしたら…
今度…ある学校のイベントがあるんだけどね
え？
そこに行ってみると何かヒントが見つかるかもよ
ヒント…ですか？
ある教育法が実践《じっせん》されていてその一端《いったん》を体験できるの
「ある教育法」って…？
シュタイナー教育
…シュタイナー？

プロローグ
解説

シュタイナー教育の入り口

Point

1 シュタイナー教育の創始者**ルドルフ・シュタイナー**は、**広大な範囲にわたる深い思想**をもっていた。

2 シュタイナー教育を本で学ぶときは、難解な本（専門書）から入ろうとせず、**一般向けの本から読み始める**とよい。

3 本書は、前半でシュタイナー教育の前提となっている「**人生観**」と「**人間観**」を紹介したのち、後半で実践的な「**方法論**」を解説する。

シュタイナー教育にどこから入っていくか

シュタイナー教育を支える思想は、**人智学**《じんちがく》（アントロポゾフィーAnthroposophie）と呼ばれています。人智学の及《およ》ぶ範囲は、教育のみならず、芸術、宗教、医学、社会論、宇宙論、農学、経済学、建築など広大です。

ルドルフ・シュタイナーという人は、あらゆる分野について独自の理論を展開しているのですが、ただ守備範囲が広いというだけでなく、ひとつひとつのテーマが容易に見通せないほど奥深いのです。全集は全354巻。生涯《しょうがい》で5000回を超える講演を行ったといわれています。その超人《ちょうじん》的な仕事量には、本当に驚かされます。

関連図書も膨大《ぼうだい》で、大型の書店にはシュタイナーコーナーが設《もう》けられていることもあります。ただ、そのコーナーは「神秘《しんぴ》思想」など、ちょっと怪《あや》しげなジャンルの中に設置されていることがほとんどで、書棚《しょだな》の前で立ち止まるのに、少しの勇気が必要になる方もいらっしゃると思います。

じつは、シュタイナーの著作を読んで、内容がスラスラと理解できたという人に、私はいまだかつて出会ったことがありません。中には、即座に拒絶《きょぜつ》反応を示してしまう方もいらっしゃると思います。

それもある意味、無理のないことです。たとえば、「人間は物質体・生命体（エーテル体）・感情体（アストラル体）・自我の4つの要素から成り立っている」などといった話を聞いて、すぐに理解できるほうが珍《めずら》しいのです。

閉鎖型と開放型

ここで便宜上《べんぎじょう》、世に出回っているシュタイナー関連の本を、**閉鎖型**《へいさがた》と**開放型**《かいほうがた》の2種類に分けてみることにします。

前者は、人智学の思想を深く学ぼうとしている方に向けられた、人智学特有の用語がふんだんに使用された本。後者は、人智学の特殊用語になじみのない読者をターゲットとして、広く人智学の考え方を知ってもらうために書かれた本です。閉鎖型の本は、〝一見《いちげん》さん〟を寄せつけないオーラを放っており、〝わかる人にだけわかる〟内容になっているというのが事実です。シュタイナー教育に出会う際、いきなり閉鎖型の本から入ろうとすると、入り口の時点で門前払《もんぜんばら》いされているような感覚に陥《おちい》ってしまう可能性が大いにあります。

入門段階では、まずは開放型の本を手に取ることを、強くお勧《すす》めします。開放型の本ではたいてい、シュタイナー思想のとっつきにくい内容にはあえて踏《ふ》みこまない形で、慎重《しんちょう》に話が進められていきます。

本書も開放型の本になるよう心がけており、巻末の**「参考・引用文献《ぶんけん》（読書案内）」**のコーナー（219ページ）では、開放型の本を紹介しています。開放型の本をつうじて大枠《おおわく》を理解したら、そのあとで、閉鎖型の本にチャレンジしてみてもいいかもしれません。

▲早苗もじつは、かつて「閉鎖型」の本からシュタイナー教育を学ぼうとして、挫折した経験をもっている。くわしくは第１章のマンガで。

本書の構成

本書では、次の3つの段階を踏んで話を進めることにしたいと思います。

❶ シュタイナー教育が目指していることは何か（**人生の目的＝教育の目的**）。

⬇ **第1章**

❷ シュタイナーは子どもをどのようにとらえ、子どもの成長と人の一生をどのように描《えが》いているのか（**人間観、発達論**）。⬇ **第2章**

❸ 教育の目的を達成するために、どのような教育方法が採用されているのか（**教育実践《じっせん》**）。⬇ **第3章、第4章**

まずは本書前半で、シュタイナー教育で前提となっている❶「**人生の目的**」と❷「**人間観**」について、順を追って見ていきたいと思います。そして後半では、そこから導《みちび》き出された❸「**シュタイナー教育の方法論**」を紹介します。

第1章

「自由」への教育

Story 1
オープンデイの1日

5月のある土曜日
藤野駅
神奈川県　相模原《さがみはら》市
ブゥオオオ
ブゥオオオ
ずいぶん山の中に来ましたね…
このすばらしい自然もこれから行く「シュタイナー学園」の美点のひとつ

シュタイナー…かぁ
は〜
なぜ顔をくもらせる？
私の長年の研究テーマだぞ
学生時代《あのころ》…先生の講義を受けて——
シュタイナー教育
すごい！
「シュタイナー教育って面白そうだな」と思ったんですよ
だから すぐにシュタイナーの本を買ったんです
で…家に帰って開いてみたら…
何じゃこりゃ⁉
それ以来「シュタイナー」には苦手意識が…
ごめん ごめん
やさしい本から読むように忠告しとけばよかったね

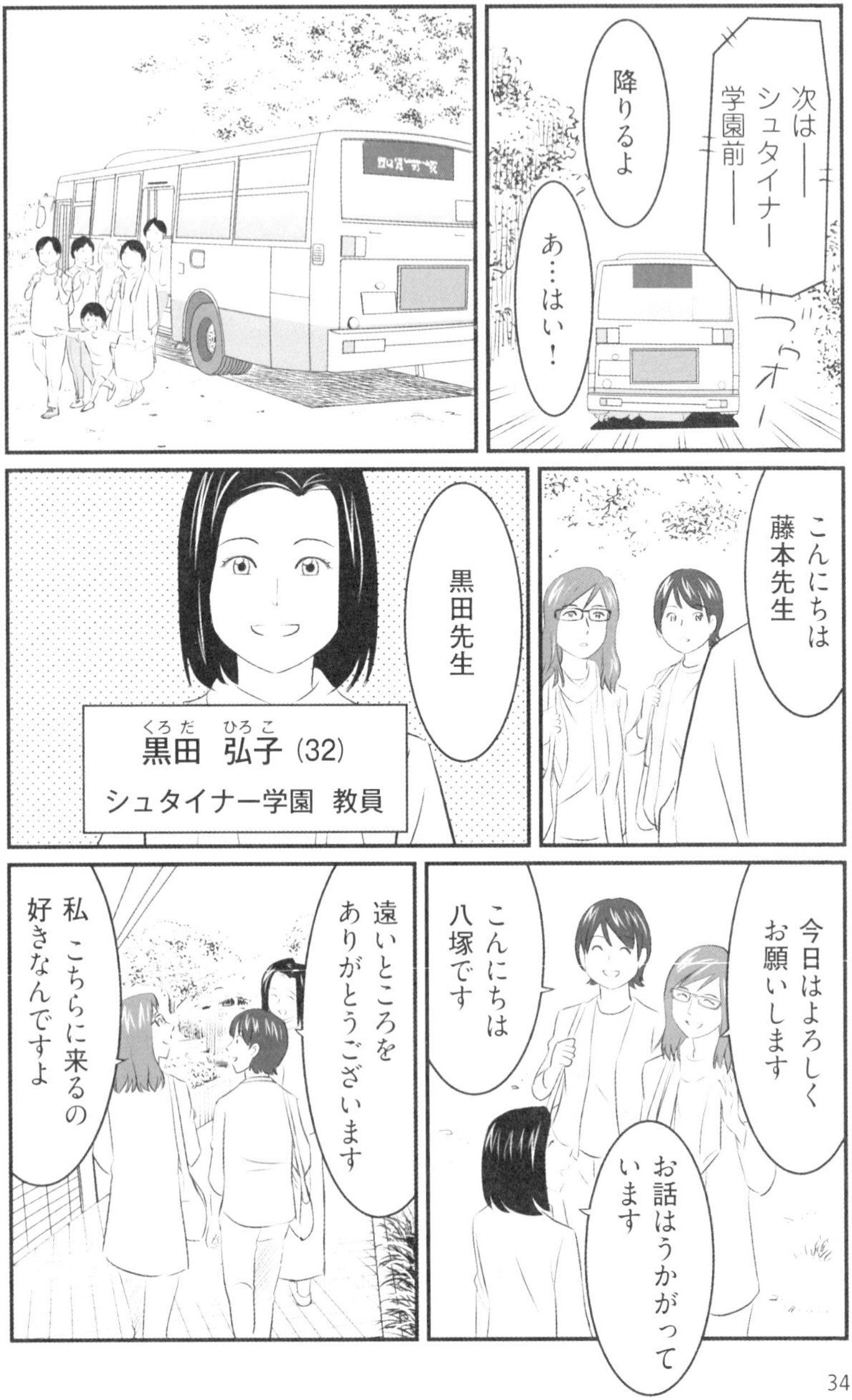
次は──
シュタイナー
学園前──
降りるよ
あ…はい！
こんにちは
藤本先生
黒田先生
黒田《くろだ》 弘子《ひろこ》（32）
シュタイナー学園 教員
今日はよろしく
お願いします
こんにちは
八塚です
お話はうかがって
います
遠いところを
ありがとうございます
私 こちらに来るの
好きなんですよ

ここが…
シュタイナー学園――
ちょうどオイリュトミーが始まりますね
はい
オイリュトミー？
オイリュトミーホールへどうぞ

あれは舞台…？
では　ごゆっくり
ありがとう　ございます
本日は　オープンデイに　お越しいただき　ありがとうございます
それでは　12年生の　オイリュトミーを　ご覧ください

12年生…
高校3年生か
ポロロ
これは…
ダンス？

オイリュトミーとは
音と言葉を
体の動きで表す
芸術である
きれい…
みんな
こんなに
真剣に…
子どもたちは
オイリュトミーを通して
心と体の動きを一致させながら
自然な美しさや
他者との調和を学ぶ
いいなあ…

けっこう感動するよね
はい!!
みんな照《て》れもなくて自然な踊《おど》りで…
本当は 踊りとはちょっと違うんだけど
人前で表現することに
あの年ごろであんなに真剣に取り組めるなんて…
それも教育の成果だね
ていうかオイリュトミーのことは学生時代《むかし》 教えたと思うけど…?
そんな気もしますね…
2
次に見せてもらうのは教室での「学びの展示」

おおっ!?
すごい！
チョークで描いた絵!?
かわいい～
「季節のテーブル」だよ
暖色《だんしょく》に塗《ぬ》られた壁もいいし
何ですか このステキな教室！
白黒マンガでは伝わらないですね
何言ってんの？
子どもたちのノートも見せてもらえるよ
へー
これは…漢字…？
字を学ぶのにも物語を通してイメージを受け取るの

色あざやかできれい…
シュタイナー教育ではすべての授業は――
芸術的な体験を通して「美しいもの」として学ぶんだよ
……
次は別の教室で「大人のための体験授業」
教室の色が違う！
子どもの発達に合わせて変えてるの

*実際の授業ではこのような指示を出さず自然に始めます

たまりや たまりや♪
こ… これは…
おっ たまり♪
難しい…!!
今日はだいぶ割愛《かつあい》しますが実際のエポック授業は毎朝105分です
105分!?
こういうアクティビティでたっぷり体を動かしてから
徐々に静かな学びへ導いていくんです
私の授業とは大違い…
あるところに…
木の実集めの名人のリスさんがいました
いきなりお話が始まった!?

ある日 リスさんが
森に散歩に出かけると
大きな椎《しい》の木の根元に
たくさんのドングリを
見つけました
リスさんは嬉《うれ》しくなって
持っていたカゴいっぱいに
ドングリを拾って
帰りました
これが その
リスさんの
ドングリです
みなさんに6個ずつ
配りましょう
何なの
この展開っ?
さて この6個のドングリを
何個と何個に
分けられますか?

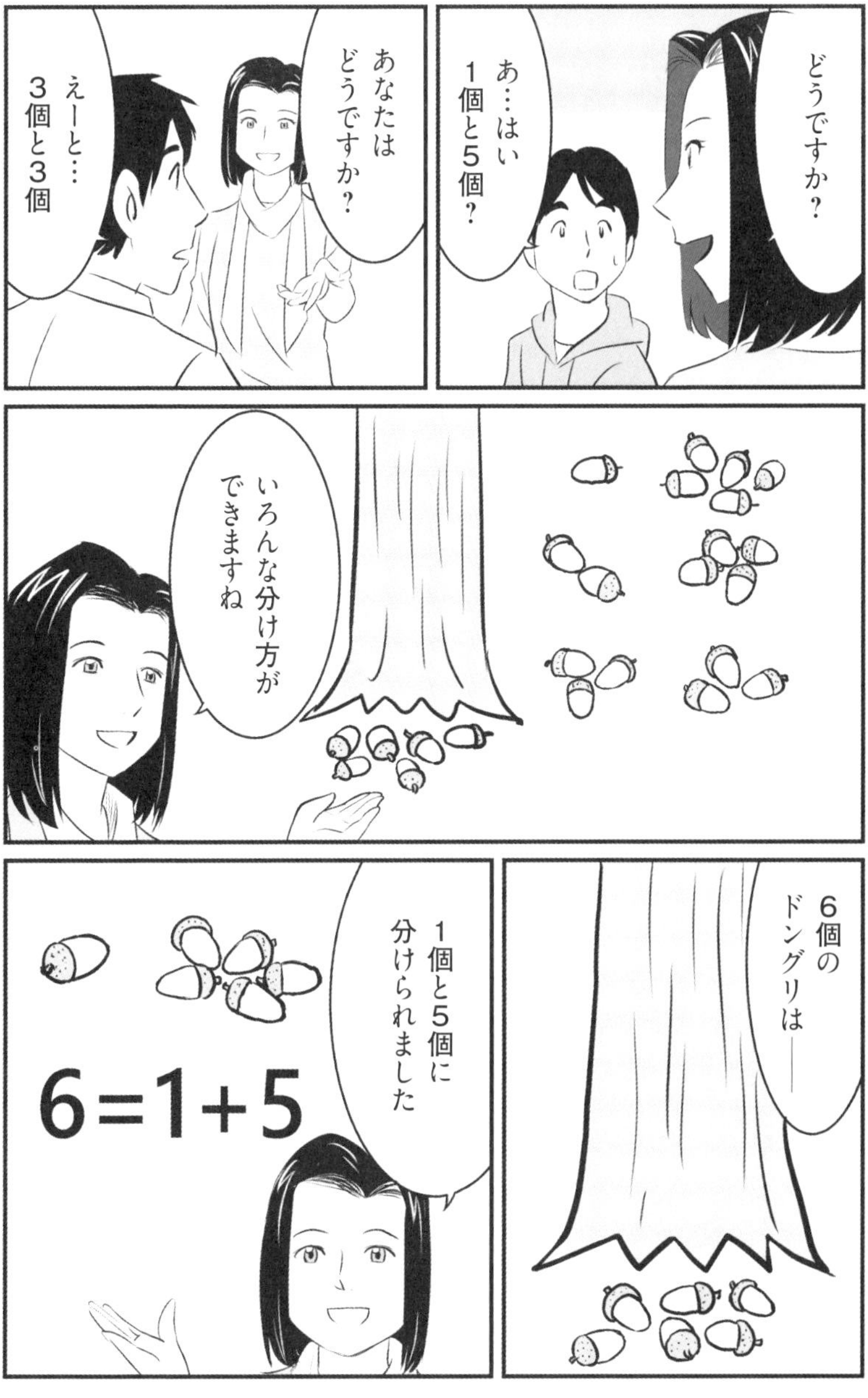
どうですか？
あ…はい 1個と5個？
あなたは どうですか？
えーと… 3個と3個
いろんな分け方が できますね
6個のドングリは――
1個と5個に 分けられました
6=1+5

足し算の勉強だったんだ!
お話のイメージといっしょに――
6=2+4
6=3+3
楽しみながら学んでいくのか…!!
足し算は普通「1+5=6」みたいに習うと思うんですが…
そうですね
でも「6=」から始めるといろんな可能性を考えられますよね
「唯一の正しい答えを見つける」という発想ではなく
宝探しのような喜びとともに学べるんです
これならひとりひとりの子が学びを楽しめる…!!

オープンデイの
ラストは 体育館での
オーケストラ演奏
だよ！
はい！
いいなあ…!!

パチパチパチ
バスのりば
シュタイナー学園前
今日はお疲れさまでした
どうしました?
わなわな
何なんですかこの教育は…!?
びっくりされました?
私がこれまでやってきた教育《こと》と全然違って…でも
私がやりたいと思ってる教育《こと》とどこか通じてる気がして…
あ~ うまく言葉にできないんですけど
八塚先生は…
も~!

子どもたちにどんな人になってもらいたいですか？
え？
…私は…
ブーン
私は…
子どもたちには…
自分の人生を楽しみながら切り拓《ひら》いていける人になってもらいたいです

それなら 私たちも同じです
え？
シュタイナー教育にはいろいろなメソッドがありますが
大事なのは技術ではありません
すべては「本当の自由」を獲得《かくとく》するため――
自分の人生を自分の意志と責任で選び取れる人間を育《はぐ》むこと
シュタイナー教育は「自由への教育」なんです
お互《たが》い がんばりましょう！

ブウォオオオ
私…シュタイナー教育のこと勉強したいです
私が最近書いた入門書もあるし体験講座や読書会も紹介できるよ
お願いします！
ブウォオオ
だけど これまでよりもっと大変になるんじゃない？
大丈夫です
私…燃えてきましたから

第1章
解説

シュタイナー教育の立脚点

Point

1 シュタイナー教育の、実践的な方法だけを表面的に切り取るのではなく、**実践を支える人生観・人間観**から学んでいくのがよい。

2 シュタイナー教育の人生観では、「**自分のなすべきこと**」を知り、それを**自らの意志で遂行**できる「**自由**」こそが、目指すべきものだとされる。

3 シュタイナー教育の人間観では、「**からだ**」「**こころ**」「**精神**」が、**7年周期**で発達していくとされる。

シュタイナー教育を支える哲学とは？

オープンデイに、相模原《さがみはら》のシュタイナー学園を訪《おとず》れた早苗さん。**オイリュトミー**（巻頭《かんとう》の口絵《くちえ》1参照）をはじめとした独自の科目、学年ごとに異なる教室の色（口絵2〜4参照）、美しい**黒板絵**（口絵5・6参照）、105分間の**エポック授業**……。実践の隅々《すみずみ》にまで芸術が宿《やど》っているシュタイナー教育の姿を目《ま》の当たりにして、目に映《うつ》るものすべてに衝撃《しょうげき》を受けます。

シュタイナー教育のカリキュラムや方法論の内実については、本書の中で早苗さんとともに徐々《じょじょ》に学びを深めていくとして（本書後半で具体的に紹介します）、まずはもっとも重要なポイント、**シュタイナー教育はどういう立場に立ち、何を目指しているのか**をおさえておくことにしましょう。

シュタイナー教育では独自の教育方法が採用されており、しばしば、**方法論のみ独《ひと》り歩きして受け取られる**事態が見受けられます。けれども、方法論（ハウツー）を切り離して実践するだけでは、シュタイナー教育の単なるまねごとになってしまいます。「形だけはシュタイナー風だけれども、エッセンスが消えてしまっている」、そんな事態に陥《おちい》らないためにも、「この教育は何を目指しているのか」「なぜその方法が採用されているのか」といった、**実践を支える哲学**に目を向ける必要があるのです。

人生観と子ども観

大人が子どもに教育を授《さず》けるとき、その教育の中身は、**大人が抱《いだ》いている人生の目的**によって規定されます。たとえば、親がわが子に対して、「将来は一流企業に勤《つと》め、経済的に不自由のない人生を歩《あゆ》んでもらいたい」と願い、目的をそこに見定《みさだ》めた場合、その目的から逆算《ぎゃくさん》して「一流企業に入るためには一流大学に、そのためには偏差《へんさ》値《ち》の高い高校に、そのためには……」などと考えるでしょう。

また、大人の**人間観**（**子ども観**）も、教育の中身に強く作用します。「人間は厳《きび》しくしつけなければ一人前《いちにんまえ》にならない」と考える人と、「人間は放っておいても勝手に成長する」と考える人では、子どもへの接し方はおのずと異なってくるはずです。

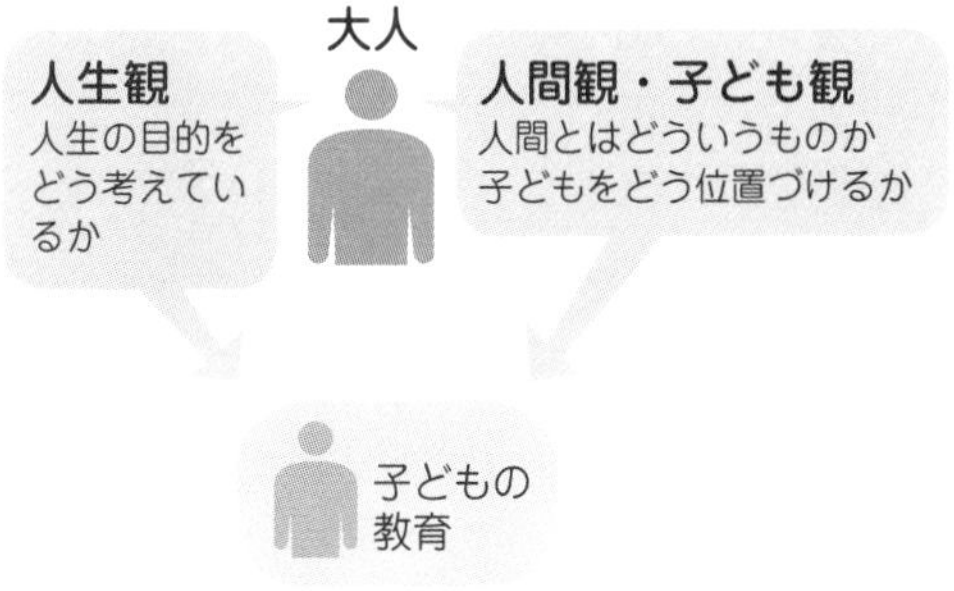

▲シュタイナー教育のあり方を知るには、それを支える人生観と子ども観を見てみるとよい。

シュタイナー教育では、ゴールをどこに見定め、そのゴールから逆算して、どのようにカリキュラムを設計しているのでしょうか。この章では、シュタイナー教育のいわば〝設計図〟を手に入れるため、**シュタイナー教育の目的**と、**シュタイナー教育を支える人間観**について見ていくことにします。みなさん自身の考え方とどのような点で重なるのか、あるいは異なるのか、比較しながら読み進めていただきたいと思います。

「自由」への教育

シュタイナー教育の目的とは何でしょう。それを一言でまとめるならば、**自由の獲《かく》**

得《とく》にあるということができます。
マンガの黒田先生のセリフにもあるとおり、シュタイナー教育は「**自由への教育**」を掲《かか》げており、子どもたちが将来、真に自由に生きていくことができるよう、あらゆる場面において繊細《せんさい》な配《はい》慮《りょ》が施《ほどこ》されています。シュタイナーの教育実践は、「自由」という一点に向かって設計されていて、「よい大学に入学できるように」「安定した仕事に就《つ》くことができるように」といった目的のためになされる教育とは、趣《おもむき》が異なるのです。

▲シュタイナー教育は、「自由」の獲得を目的とする人生観に支えられている。

シュタイナー教育はしばしば、「自由な教育」だと誤解されます。詰め込み教育とはおよそ正反対なので、「自由放任の教育」と決めつけられることも少なくありません。しかし、シュタイナー教育は「自由への教育」なのであって、決して「自由な教育」ではないのです。

「自由への教育」。この短いキャッチコピーの中には、ある前提が含まれています。

「私たちは、生まれながらにして自由な状態にあるわけではない」という前提です。シュタイナーは**「不自由な状態にある私たちが、いかにして自由を獲得できるか」**という問いから出発します。

「自由」になるためには、そのための訓練が必要になるということです。シュタイナー学校のカリキュラムは、「自由」獲得のための準備教育として組み立てられています。将来的に自由を獲得するために必要な力を育《はぐく》んでいくこと、これこそシュタイナー教育が目指すところなのです。

シュタイナーにとって「自由」とは何か

ところで、「自由とは何か」と問われたら、読者のみなさんは何と答えるでしょうか。「何ものにも縛《しば》られていない状態」「好き勝手にできる状態」「自分の心のおもむくままに行動できる状態」など、いろいろなイメージが湧《わ》いてくるのではないでしょうか。

▲シュタイナーの肖像。

じつのところ、「自由」は、少々厄介《やっかい》な概念なのです。哲学の歴史を見渡しても、さまざまな思想家が持論《じろん》を展開しており、解釈がひとつに定まっていません。

では、シュタイナーにとっての「自由」は、どのような状態を指すのでしょうか。シュタイナーによれば、「自由」は「**自分とは何か**」を知ることで初めて獲得されるものだといえます。私たちが自由に生きるために、なぜ自分自身を知る必要があるのでしょうか。その理由を解き明かしていきましょう。

「したい」と「せねばならない」

私たち人間は、**「〇〇したい」という衝動《しょうどう》**と、**「〇〇せねばならない」という衝動**の、ふたつをもっています。たとえば、前者なら「お腹《なか》がすいたのでご飯が食べたい」「寝不足だから寝たい」「マンガが読みたい」など。後者なら、「勉強せねばならない」「仕事をせねばならない」「朝、早く起きねばならない」など。

人間はしばしば、そのふたつの衝動の狭間《はざま》で葛藤《かっとう》することになります。「勉強したくないけれど、テスト前だからやらなくちゃ」「早く家に帰りたいけれど、区切りのよいところまで仕事を終えなければ」……。ふたつの衝動は方向性が完全に逆で、互いに相容《あいい》れないもののようにも思われます。

けれども人生には、**これらふたつの衝動が融合する瞬間**があるのです。

たとえば、アルバイトをしている際に、「給料を得る」という目的のために我慢《がまん》して働くのではなく、働くことそのものに充実感が得られた体験はないでしょうか。あるいは、志望校に合格するためにいやいや勉強をするのではなく、数学や歴史の面白さそのものにふれた体験はないでしょうか。

そのような場合、「〇〇したい」と「〇〇せねばならない」の境界が溶《と》けあい、両者が一体化する、幸福な状態が訪れます。そして、そのような**「したいこと」と「せねばならないこと」が一致した状態**のうちに、人間の「自由」は見いだされるのです。シュタイナーは、ドイツの詩人**フリードリヒ・フォン・シラー**（Johann

Christoph Friedrich von Schiller, 1759-1805）の哲学から大きな影響を受けて、そうした考えを自身の「自由」の哲学の根底に位置づけました。

天命としての「せねばならない」

さて、「〇〇せねばならない」という衝動は、「勉強せねばならない」のような日常的な次元にとどまりません。私たちが、かけがえのないこの人生において、「なさねばならない」何かを見いだすことが必要になってくるのです。

「自分のなすべきこと」。それは、**天命**《てんめい》、**使命**《しめい》、**天職**《てんしょく》などと言い換《か》えてもよいかもしれません。自分の天命を知り、しかもそれを、**「〇〇したい」という自らの意志で遂**《すい》**行する**《こう》ことが、「自由」とみなされているのです。

どう生きるべきかを知ること。それはつまり、**「あるべき自分の姿」**をきちんと自覚するということです。何となくではなく、明瞭《めいりょう》に、「自分がどうあるべきか」を理解することが求められているのです。本当の意味で自分自身を知ること（**自己認識**）

▲「せねばならない」から天命の自己認識に至り、そこで知った「あるべき自分」の生き方を、「したい」という意志によって自ら選び取ることが、シュタイナーの考えた「自由」である。シュタイナー教育は、この「自由」の獲得を目指す。

ができれば、この人生で自分がなすべき課題をきちんと見つけ、それをまっとうすることができます。

　これはとても難しい問題でもあります。「汝《なんじ》自身を知れ」とは、ギリシアのデルフォイの神殿に刻《きざ》み込まれた言葉ですが、自分自身を知ることは、哲学的にも非常に困難な課題です。それでも、誰かから与えられた課題を生きるのではなく、この人生において自分がなすべき課題を見つけ、その課題と真摯《しんし》に向き合うこと、それこそがシュタイナーの考えた「自由」の内実なのです。

　そして、人が真に「自由」に生きら

れるならば、それはひいては、**社会をよくすること**にも直結すると考えられています。「自由」の獲得は、単なる個人の閉じた課題ではなく、社会というマクロな次元に開かれているのです。よりよい社会を実現するためには、ひとりひとりが「自由」の実現に向けて歩んでいく必要がある、とシュタイナーは考えました。

シュタイナー教育では、じっくりと時間をかけて、子どもたちが将来的に真の「自由」をつかみ取るための下準備を行っているのです。

シュタイナーの人間観と発達論

次に、シュタイナー教育を支えている、独特の人間観を見ていきます。その人間観は、私たちの常識に照《て》らしてみたとき、すぐには納得することの難しい、驚くような着想《ちゃくそう》に満ちています。けれども、面白いことに、その人間観はきわめて整合的に、ひとつのゆるぎない体系をなしているのです。まずは、「そんなことあるわけがない！」という固定観念を取り払い、シュタイナー教育の中で大切にされている考え方に耳を傾《かたむ》けていただければと思います。

シュタイナーは人間を、**「からだ」「こころ」「精神」**から成り立っている存在と考えました。「こころ」と「精神」の違いを理解するのは難しいのですが、ここではひとまず、「精神」は「天とつながっている部分」だと理解してください。先に示した「自分自身を知る」という課題は、「精神の次元での自分を知ること」と言い換えられます。そして「こころ」は、人間の「からだ」と「精神」の結合部分とみなされています。

この「からだ」「こころ」「精神」の3つが成長していくことが、人間の発達だとされます。

シュタイナーは、人間の発達を**7年周期**でとらえていました。

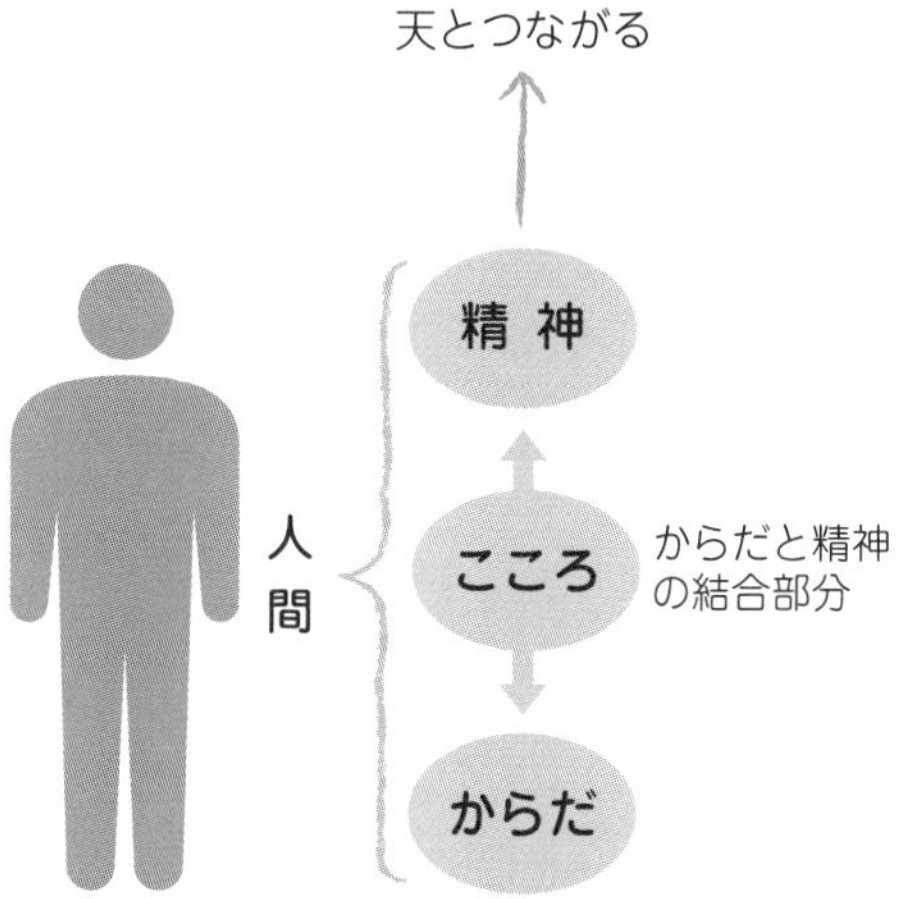

▲人間は「からだ」と「こころ」と「精神」から成り、この3つが成長していくというのが、シュタイナーの人間観・発達論である。

次のページの表をご覧ください。０歳から63歳までが7年ごとに区切られており、21年ごとにまとまりをなしています。なお、63歳以降も発達は続くのですが、ここではひとまず63歳までに区切って、それぞれの段階での課題を見てみます。もちろん、7年ごとの周期は目安ですので、個体差は当然生じます。あくまでもひとつの指針としてとらえていただければと思います。

7年周期の発達

乳幼児期から高校卒業までの教育を支えるシュタイナー教育は、このうち**第1・7年期から第3・7年期**を担うものということになります。

第１・７年期では、**信頼できる大人との1対1の関係**が大切にされます。第２・７年期では、それが**地域社会**へと拡大され、第３・７年期では、さらに**人類**や**世界**へと範囲が広がっていきます。

注目すべきは、第１・７年期から第３・７年期までの３つの時期に、

第1期 からだの発達

第1・7年期	0〜7歳	乳幼児期	テーマは「善」
意志を育む時期。からだがもっとも育つ時期。神経・感覚器官が発達。「遊び」が成長を助ける。「世界は善である」と感じられることが重要。			
第2・7年期	**7〜14歳**	**児童期**	**テーマは「美」**
感情を育む時期。循環器系が発達。呼吸のリズムが整い、臓器がほぼ大人と同じ大きさに。「世界は美しい」と感じられることが重要。			
第3・7年期	**14〜21歳**	**青年期**	**テーマは「真実」**
思考を育む時期。代謝系が整う。「理想」が教師。「世界には真実がある」と感じられることが重要。			

第2期 こころの発達

第4・7年期	21〜28歳	テーマは「関係性」
自我が生まれる。「怒り」が助け《ヘルパー》に。新たな世界と出会い、さまざまな関係性を築いていく。理想と現実のギャップを感じる。		
第5・7年期	**28〜35歳**	**テーマは「構築」**
人生を組み立て、地に足をつける時期。新しい家族や責任ある仕事など、さまざまなものを構築する。困難に遭遇する激動の時期。エゴイストになる危険も。		
第6・7年期	**35〜42歳**	**テーマは「問い」**
本質に向かって自覚的に生きる。物質的な生き方から精神的な生き方への変容が迫られる。さまざまな「問い」が生まれる。本来の自分を探す。		

第3期 精神の発達

第7・7年期	42〜49歳	テーマは「葛藤」
新たな価値観やものの見方を獲得する時期。理想と現実、衰えていく肉体と賢明な知恵など、相反する二者の間で葛藤する。これまでに得たものを人に与える側に回る。		
第8・7年期	**49〜56歳**	**テーマは「創造性」**
体の衰えとともに新たな自分のリズムを見いだす時期。これまでと同じリズムでいると、からだを壊す危険性がある。人生の本質に向かい、内なる創造性を発揮する。		
第9・7年期	**56〜63歳**	**テーマは「本質」**
人生をふり返り、洞察を深める時期。人生の本質に目覚める。病気と向き合い始める時期でもある。		

お話のイメージといっしょに——
6=2+4
6=3+3
楽しみながら学んでいくのか…!!
▲第2・7年期では、知的な事柄も、物語などを通して「感情」の回路から学んでいく。

❶意志〈意〉→❷感情〈情〉→❸思考〈知〉

の順番で育むのが重要だとされている点です。

子どもたちの**思考**に直接はたらきかけるのは、第3・7年期以降、つまり14歳以降が望ましいと考えられているのです。そのため、第2・7年期までは、抽象的《ちゅうしょうてき》な事柄《ことがら》を抽象的なまま子どもに伝える（＝知性に直接はたらきかける）ことは避《さ》けられます。第2・7年期では、**感情**を通して知的な事柄を学ぶことが大切にされています。

芸術をつうじた教育

さて、このようなシュタイナーの人間観は、シュタイナー教育のカリキュラムや教

▲シュタイナー教育の「エポックノート」。多くの色を用いて描かれ、絵画的な芸術性に通じる。上の写真は白黒なので色彩を伝えられないが、口絵8も参照。

育方法を、どのように支えているのでしょうか。具体的に見ていきましょう。

シュタイナー学校は、**12年間一貫《いっかん》教育**を行っており、1年生から8年生が初等部・中等部、9年生から12年生が高等部として括《くく》られます。

マンガで、シュタイナー学校を訪れた早苗さんは、**芸術をつうじた教育**のあり方に衝撃を受け、心の底から感動していました。教育を芸術とみなし（**教育芸**

術）、実践の隅々にまで芸術が浸透《しんとう》しているシュタイナー学校。教室のどこを見ても、細部まで芸術性が宿っています。

けれども、ここでひとつ、疑問が湧いてこないでしょうか。「なぜ、芸術をつうじた教育が行われているのか」と。

シュタイナー学校が、決して「芸術を教える学校」（美術学校や音楽学校）ではないという点を理解する必要があります。子どもたちはすべての教科を芸術的に学んでおり、あらゆる教科が芸術に満たされています。

たとえば、エポック授業の際に教師の板書を子どもが模写《もしゃ》して作る**エポックノート**（口絵8、67ページ、178ページ参照）は、絵画的な芸術性をもっているといえます。

絵画的要素だけでなく、詩や音楽も非常に重視されます。しかも、音楽は音楽の授業でだけ取り扱われるのではありません。すべての教科の中に音楽性が満ちているのです。

また、8年生と12年生の節目には、学びの集大成として、クラス全員参加の「**卒業演劇**」も行われます。

芸術は直観を育てる

「芸術をつうじた教育」は、具体的にどのような姿をしているのでしょうか。一例を挙げましょう。

口絵3は、シュタイナー学園の算数の時間の黒板を撮影《さつえい》したものです。黒板には4つの円が描き出されています。そのうち、一番右の円を写したエポックノートが、下の写真です。円の中心には数字の7が記《しる》され、周《しゅう》には、0から9までの目盛《めもり》がついています。

じつはここには、九九《くく》の世界がヴィジュアル化されて描かれているのです。

7の段は、7×0＝0、7×1＝7、

▼美しい図柄として示される「九九」を、子どもたちは直観的に受け取り、からだで感じる。

7×2＝14……となりますね。そのかけ算の答えの、1の位《くらい》だけを並べると、0、7、4、1、8、5、2、9、6、3となります。これらを周の目盛上で、順に結んでみてください。写真のような均整《きんせい》の取れた図形になります。7の段だけでなく、1の段から9の段まで、九九の世界が美しい図柄となって浮かび上がってくるのです。

このようにすると、算数は単に抽象的な概念によってとらえられるのではなく、直観的・芸術的に、子どもたちのうちに刻み込まれます。数の不思議や美しさを、まずもって**からだで感じること**が大切にされているのです。この点についてシュタイナーは、「大自然の秘密や人生の法則を、知的な冷たい概念としてではなく、できるだけ象徴として、子どもの受け容《い》れやすいものにすることが大切である」と述べています（『シュタイナー・コレクション1　子どもの教育』、47ページ。以下、引用文献の書《しょ》誌《し》情報については本書219ページからの「参考・引用文献（読書案内）」を参照）。

シュタイナー教育では芸術をつうじて、子どもたちの**直観**《ちょっかん》を育んでいます。第4章でくわしく解説しますが、シュタイナー学校において子どもたちは、算数に限らずあらゆる教科を、芸術をつうじて体験します。芸術的に世界をとらえることにより、世界を生き生きと把握《はあく》することが目指されているのです。

第2章

子どもに向けるまなざし

Story 2

親として、教師として

谷公民館
こんにちはー
こんにちは
あの オープンデイから 1カ月——
私は 藤本先生の 書いた入門書で 勉強しながら
こんにちは
こんにちは
こんにちは
シュタイナー教育の 勉強会にも参加しています
みなさん 日曜日に ご苦労さまです
今回は 八塚さんの 発表を聞いて…
みんなで ディスカッション しましょう
よろしく お願いします
新入りに 発表させるなんて スパルタ だよなあ…

私は今回 シュタイナー教育の人間観を勉強しました
シュタイナー教育では人間の発達は**7年周期**でとらえられます
第3・7年期
14～21歳
青年期
第2・7年期
7～14歳
学童期
第1・7年期
0～7歳
乳幼児
私は母親として第1・7年期の息子と接し
教員として第2・7年期の子たちと接しています
第1・7年期の子どもは近くの大人を**模倣**《もほう》するので
模倣
お手本
お手本となるように心がける**必要**があります
一方 第2・7年期の子どもたちは信頼できる大人のふるまいを意識的に取り込みます
権威
だからこそ 教師は**権威**《けんい》をもって 子どもたちを惹《ひ》きつけなければいけません
この「権威」っていうのが…?
わからなくて…

怖がらせるようなことじゃないんですよね
大声で言うことを聞かせなくても自然にきまりを守らせることができる…って感じかな
私は「子どもに自然に好かれる魅力《みりょく》」だと思ってますけど
なるほど!
ちなみに 八塚先生受け持ちは?
3年生です
9歳の危機だ!
それは大変でしょう
9歳の危機?
自我が芽生《めば》えることで世界との一体感から切り離されるポイントで
その分大きな不安にも襲《おそ》われるんです
荒れやすくもあるのでよくケアしてあげられるといいですね
わかりましたありがとうございます!
谷公民館

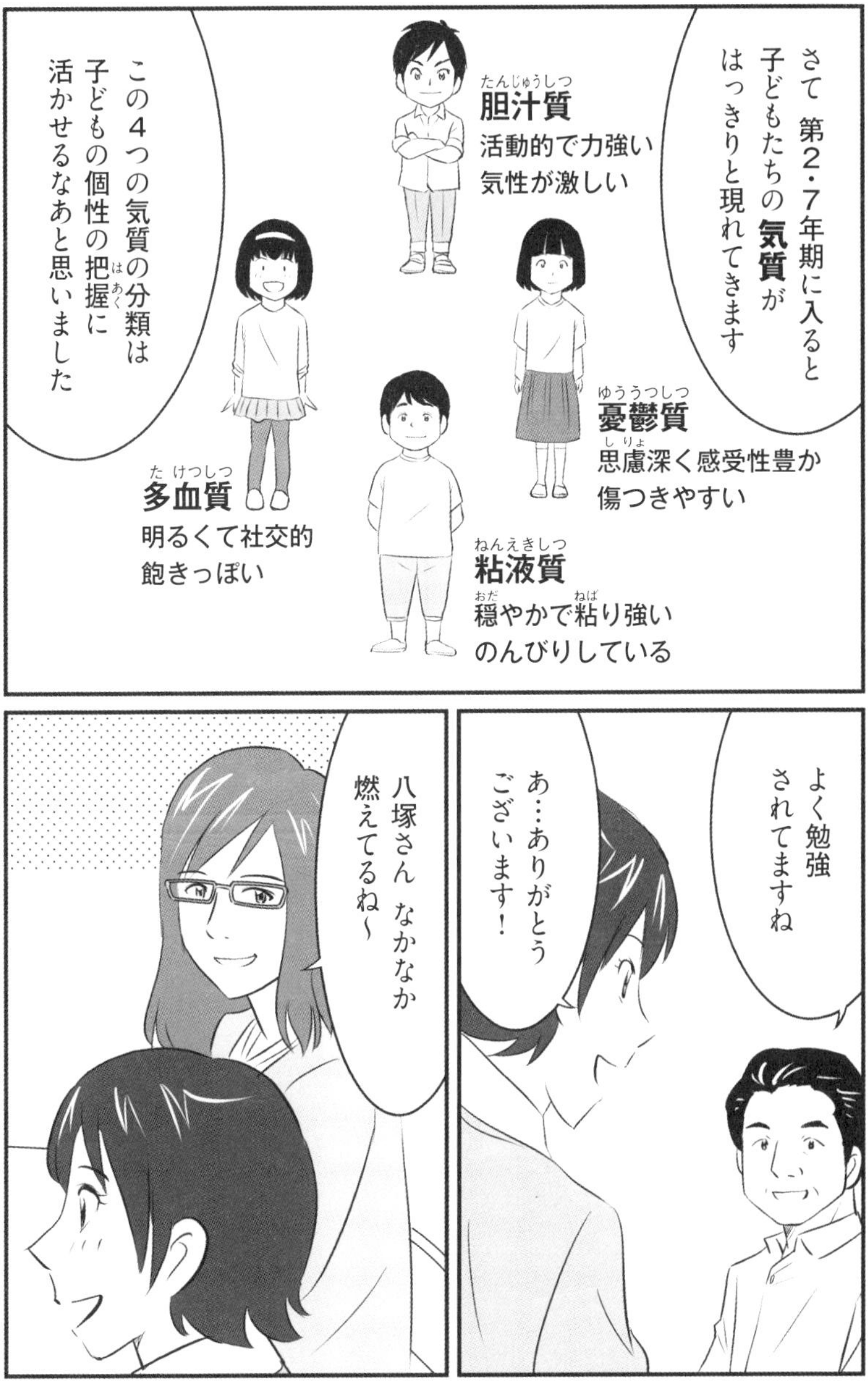
さて 第2・7年期に入ると子どもたちの気質がはっきりと現れてきます
胆汁質《たんじゅうしつ》
活動的で力強い 気性が激しい
憂鬱質《ゆううつしつ》
思慮《しりょ》深く感受性豊か 傷つきやすい
粘液質《ねんえきしつ》
穏《おだ》やかで粘《ねば》り強い のんびりしている
多血質《たけつしつ》
明るくて社交的 飽きっぽい
この4つの気質の分類は子どもの個性の把握《はあく》に活かせるなあと思いました
よく勉強されてますね
あ…ありがとうございます！
八塚さん なかなか燃えてるね～

ただ 気質は複合的なもの だから注意してね
複合的？
どんな人もすべての気質をもっていて
胆汁質
憂鬱質
粘液質
多血質
そのうちひとつが強く出ることが多いっていうだけ
類型《ステレオタイプ》に当てはまらないことも多いですよね
「この子は○○質」と決めつけると失敗することも…
大事なのは唯一無二の子どもの個性をよく観察すること
気質を見定めるのはそのための入り口くらいに考えたほうがいいかも
わ…わかりました！
こんな感じで大変だけど楽しく勉強してます！

朝ってどうしてこんなに忙しいの～!!
はい着よー
ぶ～
琢磨！早く着替えて
ブウォオオォ
保育園バス来ちゃうでしょ！
ブ～
保育園行かない!!
…ごめん今日は早く行かなきゃいけなくて
リョーカイお着替えありがとう

む〜〜〜
琢磨 早く 歯磨《みが》きして
やだ
どうして いやなの！
やだ!!
こういうことが毎朝のようにくり返されてきたのですが…
やだっ!!
ねぇ
第1・7年期の子どもは近くにいる大人を模倣するのでお手本となるように心がける必要があります

む〜〜
そうか…この時期の子どもは心まで模倣してしまう
琢磨の気持ちのガサつきは私のイライラの鏡…!?
ス〜
ハ〜…。
おはようございます 八塚です
すみません 息子の体調が悪くて…
申し訳ありませんが年休を取らせてください

…今日はだっこしていようね
ぎゅ〜…
ス
ニコッ

……
あれっ
琢磨？
保育園
行く!!
ニコッ
行こうか！
シュタイナー教育を知って
何かが少しずつ
変わり始めました

キーンコーンカーンコーン
学校での私も――
針谷小学校
3年2組
きっと変われるはず
大声を出さなくても自然にきまりを守らせる…
ガヤ
ガヤ
そんな権威《みりょく》が私にあるかはわからないけど…
キュ
とにかく 恐れずに やってみよう!!

先生 どうして黙ってるの？
よーし気がついた！
みんなが自分で静かになれるかなって待ってたの
え～ そんなの無理だよ
炭倉《すみくら》　三四郎《さんしろう》(9)
みんなならできるはずです
先生にはわかるの
……
…そうかな～
説明なしで自然と静まるのが理想だったけど…

じゃあこの時間は学級会ですね
学級委員さんどうぞ
今日の議題は「めあてを決めよう」です
「めあてを決めよう」
大数賀《おおすが》 楓《かえで》（9）
何か意見ありますか？
そうだなー
「チャイムが鳴ったら静かにする」でいいんじゃねーの？
おー
そっかー
そうだね
それじゃあ多数決しま～す
いいと思う人ー
ちょっと誘導《ゆうどう》っぽいけど…
決定で～す！
はーい
みんな納得してるからOKってことで!!

昼間はクラスの子どもをよく観察して…
毎日ひとりずつ寝る前に思い浮かべる
筆箱投げー
うるせー
三四郎君は胆汁質かな…
大声で騒《さわ》ぐことが多いし…乱暴なところもあるなあ…
でも…
チャイムで戻ってこなきゃダメだろ
正義感とか統率力《とうそつりょく》はピカイチだよね
短所を責めるんじゃなく いいところを伸ばしたい…!!

ワワ
三四郎君
なに 先生
さっきのめあて守れてたね
時間も
えらいね
へへ
自分たちで決めた
めあてだから
そういうとこ
先生好きだな～
やめてよ
照れるよ
キーンコーンカーンコーン
あっ チャイムだ
ガラ
ほら みんな
静かにするぞ～

昼休み
ワーワー
ふんっ
お腹を棒につけて
なるほど
碓水《うすい》　まこと（8）
目黒《めぐろ》　土筆《つくし》（9）
八塚先生
最近　何かありましたか？
あっ　校長先生
前よりも少し余裕ができたように見えますすよ
……

…もう一度 新鮮な気持ちで 子どもたちを 見ようと思ったんです
そうしたら… これまで知らなかった面が たくさん見えてきて…
土筆《つくし》ちゃんも 引っ込み思案《じあん》な子だと ばかり思ってたん ですけど
がんばってー
えと…
まこと君が 逆上《さかあ》がりができなくて 落ち込んでたら 「一緒にがんばろう」 ってはげまして くれて…
土筆ちゃんは一昨日《おととい》 先にできるように なりましたね
そうなんです！
不思議なことに…
もっとけって！
大人が あたたかく見守るだけでも 子どもには いい変化が 起こるんです
とてもいい感じだと 思いますよ
…ありがとう ございます！

キャーーいやー～
なに？プールのほうから…
何でしょうか
どうしました？
八塚先生!!
先生のクラスの伊地知燕が…ッ！
え？
青竹《あおたけ》 文男《ふみお》（50）
教頭
プールに…犬のうんこを!!
げっ
まだまだ前途多難《ぜんとたなん》だけど…がんばるぞー!!
プカプカ

第2章
解説

Point

ひとりひとりの個性と向き合う

1 第1・7年期の乳幼児は**模倣**をつうじて学ぶので、大人は**お手本**としてふるまい、**意志とからだ**を育むように心がけるべきである。

2 第2・7年期の児童は、教師の**権威**に従ったのち、そこから離れていく。**時間をかけた学び**が大事であり、「**9歳の危機**」にも注意が必要。

3 子どもの個性を見きわめ、それぞれに合った接し方をするためのヒントとして、シュタイナーの**気質論**がある。

第1・7年期 ❶ 模倣をつうじて学ぶ

この章では、発達の第1・7年期と第2・7年期についてくわしく見ながら、シュタイナー教育の子どもへのまなざしのあり方について考えていきます。

幼児期の子どもたちは、**模倣《もほう》**をつうじて学びます。シュタイナーの弟子で、シュタイナー幼稚園《ようちえん》を創設《そうせつ》した**エリザベト・M・グルネリウス**（Elisabeth Marie Adelheid von Grunelius, 1895-1989）は、「教育者は自分の行なう行為を通してしか、幼児を指導できない」（『七歳までの人間教育』、114ページ）と断言しています。

子どもたちは、この時期、大人の言動を完全に真似《まね》しますので、大人のふるまいこそが問われるのです。大人の言葉づかいなど、子どもはすぐに真似します。さらに、単に外側にあらわれ出ている大人の言動だけでなく、**大人の心の内側までも真似してしまう**というのですから、恐ろしいことです（マンガでは、早苗さんのイライラが、そのまま琢磨君の気持ちのガサつきにつながっていました）。だからこそ、大人は**お手本・モデル**という自覚を絶えずもち続けることが重要になってくるのです。

シュタイナーは次のように述べています。「もしも周囲に畏敬《いけい》の念をもって模倣できるような人がおらず、そのような人の行為を自分自身のなかに受け入れることができなかったとすれば、幼児は生涯、自由を享受《きょうじゅ》できなくなるでしょう」（前掲書《ぜんけいしょ》、115ページ）。

第1・7年期❷ 意志の方向づけとからだ作り

第1・7年期の子どもたちにとっては、他者からの指示によって活動するのではなく、自らの**意志**で、（手足を動かして）能動的に活動することが大切です。

幼い子どもたちは、まさに意志の塊《かたまり》のような存在で、そのエネルギーに大人はしばしば圧倒されます。「やってみたい！」「やらせて！」は子どもたちの口癖《くちぐせ》です。その**意志のエネルギーを大切に育む**ことが、第1・7年期のテーマです。

ですから、「あれはやっちゃダメ！」「これもやっちゃダメ！」と**禁止しすぎるのはNG**です。意志のはたらきが委縮《いしゅく》してしまうからです。ただし、意志に意味のある方

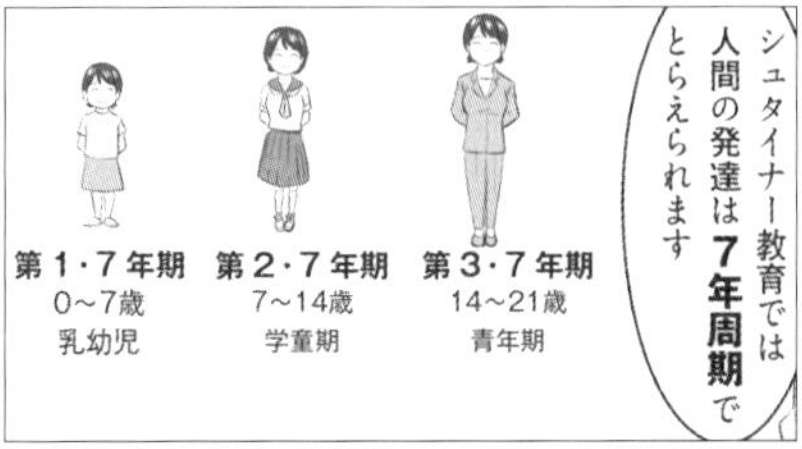

▲シュタイナーの発達論における第1期。第1・7年期の乳幼児に対しては、お手本としてふるまい、意志とからだを育てることが大事になる。65ページも参照のこと。

向性を与えること、つまり**しつけ**も大切です。第1・7年期から第2・7年期へのターニングポイントは、**歯の生えかわり**です。シュタイナー教育では、歯が生えかわるころまでの子どもたちは、**からだを作ること**にエネルギーを使うべきだと考えられています。知的な刺激《しげき》を与えることで、子どもたちのエネルギーが十分にからだ作りに向かわなくなってしまう、という事態に陥らないよう注意が必要となるのです。

第2・7年期❶　教師の権威

第2・7年期では、**信頼できる大人に従《したが》う体験**が必要だと考えられています。7歳まではまわりの大人の姿をひたすら模倣していたわけですが、第2・7年期になると、子どもたちはある程度意識的に、大人のふるまいを自分の中に取り込もうとします。担任の先生は、第2・7年期において子どもたちにとって必要な、信頼できる大人の存在の役目を担《にな》うわけです。シュタイナーは次のように述べています。

人生の第二期に、自分の教師の自然な権威に完全に身を委《ゆだ》ねて成長することができなかった人間は、後の人生において道徳的自由を正しく使いこなせるように成長してゆくことはできない。このことはすべての教育や授業に通用するが、しかしとりわけ道徳的なものに顕著《けんちょ》にあらわれるのである。尊敬する教育者の影響のもとに、子どもは何が良いことで、何が悪いことなのかを感じとっていく。教育者は世界秩序の代表者である。育ちつつある人間は、まず大人を通して世界と近づきにならなければならないのである。

(『教育と芸術』、30ページ、一部改訳、強調筆者)

「**教育者は世界秩序の代表者である**」。これは非常に重たい言葉のように思われます。第2・7年期の子どもたちは、抽象的な概念によって、つまり、理屈《りくつ》でものごとの善悪を学ぶのではありません。「この人の考え方を見習いたい！」「世界との関わり方を、この人から吸収したい！」という思いから、世界の仕組みを学んでいくのです。

▲第2・7年期の児童は、魅力をもった「権威」を求め、その人を通して世界との関わり方を学んでいく。

第2・7年期をまるごと支える教師に求められるもの、それは**権威《けんい》**です。

「権威」というと、子どもたちを力で押さえつけるようなイメージをもつ人も多いかもしれません（早苗さんも最初は、この「権威」というキーワードに首をかしげていました）。

けれども、シュタイナー学校の教師のもつ権威とは、**子どもたちが自然と従いたくなるような魅力**に裏打《うらう》ちされた権威なのです。子どもたちが教師の魅力に惹《ひ》きつけられ、自発的に従うようになることが望ましいといえます。

第2・7年期② 権威から離れる

第2・7年期の学びにおいて、愛される権威の存在は不可欠です。けれども、権威はあくまでも子どもたちが**最終的にそこから離れる**ための前段階として必要とされるのです。権威にやみくもに従うことのない、自由な人間となるには、人生の適切な時期に権威に従う経験をもつことが重要です。

シュタイナー学校では、権威から自立するところまでも含めて、カリキュラムの設計がなされているといえます。芸道《げいどう》などの世界では「**守破離**《しゅはり》」という言葉が用いられますが、シュタイナー教育では、単に師の教えを「守る」だけでなく、「破る」過程すらも想定されているのです。

第2・7年期の終わりでは、教師の権威から離れることが、生徒たちの課題となります。たとえばシュタイナー学園の社会科のカリキュラムでは、第2・7年期の終盤《しゅうばん》にあたる7年生（中学1年生）の時点で、ルネサンス・宗教改革・大航海時代が扱われます。こういった時代の担《にな》い手たちは、従来の権威に異を唱えて、新しい世界を切り開いた人々なので、既存の権威に反抗するという特徴をもった、思春期の子どもたちと響きあうのです。

時間をかけた学び

第2・7年期における学びを、少しだけ具体的に見てみましょう。

下の写真は、スイス・チューリッヒのシュタイナー学校の1年生のノートです。約100分間の算数のエポック授業を通して、数字の「1」についての学習がなされたときのものです。数字の「1」とは何なのかについて、担任の教師がイマジネーション豊かにストーリーを物語り、黒板の左半分にはその物語にまつわる絵

▼数字の「1」についての授業（算数）のエポックノート。

▲文字「A」についての授業（国語）のエポックノート。スイスのシュタイナー学校のもの。

を、右半分には数字の「１」を、さまざまな色を用いて描きました。子どもがそれを**模写**《もしゃ》したのが、この写真のノートです。

上の写真は、アルファベットの「A」についての授業（１年生の国語の授業）のノートです。１日１文字、約１００分かけてアルファベットを学んでいきます。文字や数字といった抽象的な事柄も、抽象的なまま暗記させるのではなく、イメージ豊かに生き生きと伝え、**からだ全体で吸収させる**よう徹底されています。

約１００分かけてひとつの数字、ひとつの文字についてだけ学ぶ授業。いくら小学１年生とはいえ、進度が遅すぎると感じた人が多いのではないでしょうか。けれども、シュタイナー学校では、速く多く学ぶことをよしとしません。黒板の絵や文字を模写する際、急いで速く描き写す子どもは、むしろ先生に注意されてしまいます。「ゆっくり」「味わって」と、先生たちはくり返し子どもたちに語りかけます。**時間**

をかけて、ひとつの事柄を深く掘り下げることに重きを置いているのです。

いかに子どもたちの感情にはたらきかけ、からだ全体にしみこませるか。その考え方は、低学年のみならず、シュタイナー教育のカリキュラム全体を貫《つらぬ》いています。

たとえば、日本のシュタイナー学校の3年生では、**「米作り」**（口絵9参照）がひとつの大きな課題となっています。児童は地域の田んぼで1年もの間、地域の人々と密接に関わり、その中で学びを展開します。1年をつうじての米作りは、日本の風土・生活と季節の変化を肌で感じ、手足の活動を通して身体性を培《つちか》い、同時に社会性を身につけていく学びとなっています。さらに、**「職人エポック」**と呼ばれるエポック授業では、日本に伝わる生活の知恵を学ぶのですが、そこでは児童が鍛冶屋《かじや》で実際に道具を使用したり、森林に入って枝打ち・炭焼きなどの体験をしたりします。

「9歳の危機」

さて、第2・7年期の中でも、子どもにとって非常に重要な意味をもつ節目《ふしめ》が、9

自我が芽生《めば》えることで
世界との一体感から
切り離される
ポイントで
その分
大きな不安にも
襲《おそ》われるんです

▲「9歳の危機」は、自分が「個」であることに子どもが気づく、あと戻りできないポイントである。

歳です。

この時期は、6歳くらいから始まる**歯の生えかわり**と、12歳くらいから始まる**第二次性徴**《せいちょう》の、ちょうど中間に位置します。発達心理学でもたびたび強調されますが、シュタイナーもまた、9歳を重大な転換期と位置づけています。その節目は、「**9歳の危機**」と呼ばれています。いったいなぜ、この年齢が危機とみなされるのでしょうか。

9歳は、ひとたびその一線を越えてしまったら、もう後戻りできない（不可逆的《ふかぎゃく》な）ポイントなのです。端的《たんてき》にいえば、この時期に**自我**《じが》が芽生《めば》えることになります。

「9歳の危機」を迎《むか》えるまでの子どもは、世界との一体感を味わっている存在です。けれども、「9歳の危機」を迎えることで、自分が「個」であるということに気づかされます。世界から切り離され、孤独感や不安感が襲いかかってきます。

マンガの早苗さんが受け持っているのは、まさに「9歳の危機」の只中《ただなか》にいる3年生。発達論的に見て、子どもたちがきわめて重要な時期に差しかかっていることに、早苗さんは気づきます。

シュタイナー学校の3年生から4年生のエポック授業では、「米作り」「家作り」「郷土学《きょうどがく》」「動物学」といった科目が学ばれます。これらの課題は、「9歳の危機」と関連しています。たとえば、生活科の中でもっとも大きな課題である**「家作り」**（口絵10、191ページ参照）では、実際に子どもたちが学校の敷地《しきち》内に、小さな家を建てます。「世界から切り離されてしまった」と感じている子どもたちは、「家作り」の課題をつうじて、この世界には自分を守ってくれる場所、自分が生きる場所があるのだということ、それを自分の力で作り出せるのだということを、実感できるのです。

親の発達と子どもの発達

シュタイナー教育では、**親の発達と子どもの発達を連動させてとらえる**という視点も大切にされています。

教育はともすれば、「すでに完成された大人が、未完成の子どもを育てる」という構図に陥りがちです。もちろん、生まれた瞬間から社会の常識を身につけている子どもはいません。教育をつうじて、社会で求められる考え方やふるまいを身につけていきます。ですから、社会のルールを身につけている大人が、子どもたちに規範《きはん》を教えること、つまり「**社会化**」は重要な課題です。そして「社会化」の前提には、大人は完成しているが子どもは未完成であるという考えが潜在《せんざい》しています。

けれども教育は、子どもを社会の一員にすれば、それで完了というものではありません。シュタイナー教育では、単なる「社会化」に教育の役割を見いだすのではなく、さらにその先まで、つまり、**人がこの世界でどう生きていくべきかを発見すると**ころ（自由の獲得！）までを見据《みす》えています。

つまり、親や教師といった大人も、人生の旅路《たびじ》の途上《とじょう》にいる存在とみなされるのです。**成長を続けている大人が、同じく成長の最中《さなか》にいる子どもと、いかに向き合うか**。人生全体をカバーするシュタイナーの発達論は、そのダイナミックな過程を描き出そうとしています。

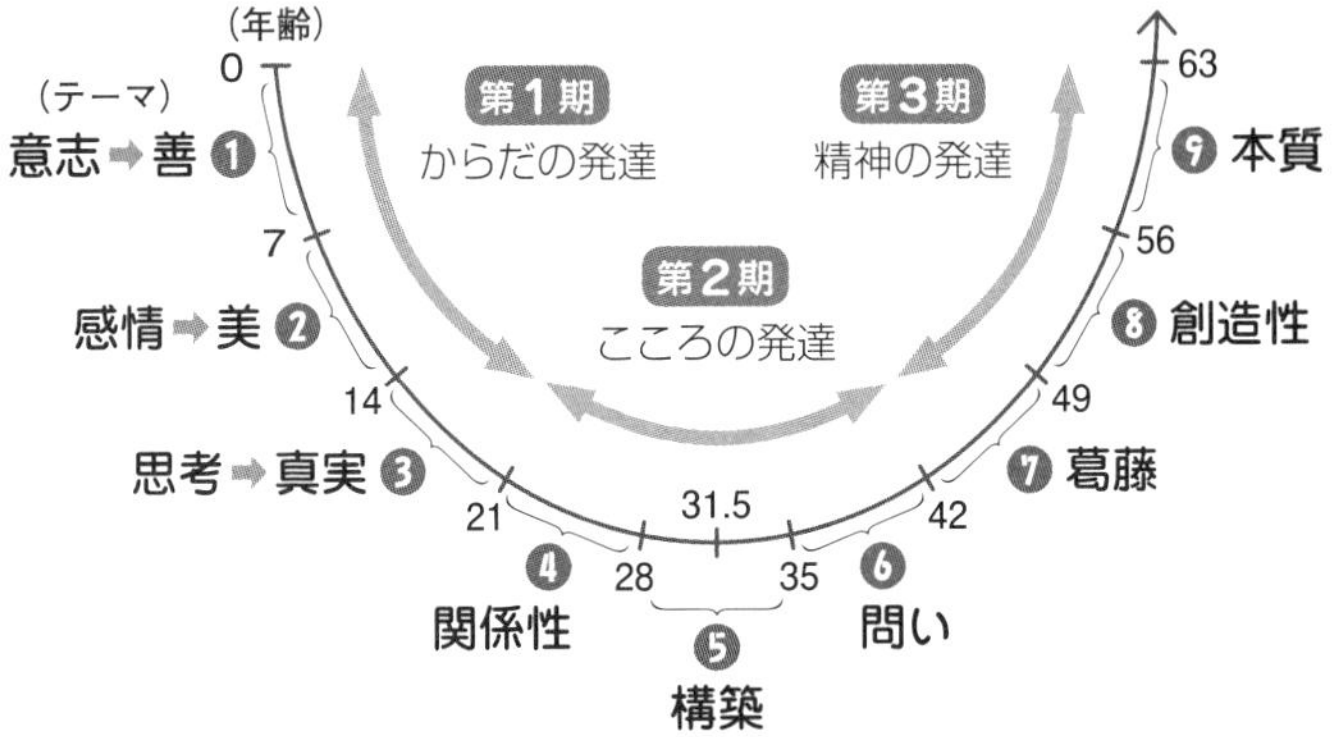

▲シュタイナー思想にもとづく、人間の生の軌跡（バイオグラフィー）の略図。図中の丸付数字（❶、❷、❸……）は、7年期の序数（第1・7年期、第2・7年期、第3・7年期……）を表す。

本書を手に取ってくださった方々の中には、子育て世代の方もいらっしゃると思います。子育て世代の多くは、**第5・7年期**（28～35歳）あるいは**第6・7年期**（35～42歳）に相当するでしょう（65ページの表参照）。この時期の大人は、人生の困難な局面に立たされています。大人自身も子育てをつうじて、さまざまな課題と向き合っていくことになるのです。

大人になってしまえば、完成！　というわけではないのです。成長は一生続いていきますし、年代ごとに質の異なる課題に直面する必要があると考えられています（ちなみに、早苗さんの年齢である

31歳も、シュタイナーの発達理論に照らしてみたとき、それまでの人生とそれ以降の人生との分かれ目になる、大きなターニングポイントです）。

シュタイナーは「自由」を、一生涯かけて求め続けていくものとみなしています。「自由」は、それを求めて歩み続けるべき、人生を照らす一筋の光として位置づけられるものといえます。そして大人も、自分自身のあり方を絶えず問い直していくことが求められるのです。

シュタイナーの気質論

さて、シュタイナー学校に一歩足を踏み入れてみれば、黒板絵、学年ごとに異なる教室の色、教室の窓から見える自然の景色など、その色彩の豊かさは誰の目にも明らかになりますが、シュタイナー教育のカラフルさは、目に見える次元にとどまりません。シュタイナー教育では、子どもたちの**多様性**を尊重《そんちょう》します。

シュタイナーは、教師が子どもたちのカラフルな個性を的確につかみ取るため

胆汁質 火	エネルギーに満ち溢れており、意志が強い。行動力・正義感がある。達成感を得ることを重視している。怒りっぽく融通がきかない。
多血質 風	明るい。軽やか。子どもっぽくて飽きっぽい性格。忘れっぽい。ものごとを深く考えない傾向あり。叱っても傷つかないですぐに立ち直る。
粘液質 水	のんびり屋。マイペース。時間内に作業を終わらせるのが苦手。丁寧。興味があることには集中する。
憂鬱質 地	ものごとに深く関わり、自己の内に深く沈潜する。ひとりでいる時間が好き。人と関わるのは苦手。芸術性が高い。ささいなことで傷つく。

▲4つの気質。ここでの説明は、ヘルムート・エラー『4つの気質と個性のしくみ』を参考にした。同書には、実践的な内容が豊富に含まれており、シュタイナーの気質論がわかりやすく丁寧に紹介されている。

の、ヒントを与えてくれています。そのヒントが**気《き》質《しつ》論**です。彼の「気質」の考え方のうちには、多様な子どもの姿をありのまま受け入れつつ、それぞれの子どもの個性を輝かせるための知恵が含まれています。

具体的に見てみましょう。シュタイナーは人間のタイプを**胆汁《たんじゅう》質**・**多《た》血《けつ》質**・**粘液《ねんえき》質**・**憂鬱《ゆううつ》質**の4つに分け、それぞれの特徴を整理しています。

「4つのタイプに分ける」と聞くと、血液型占《うらな》いのようなものを想像される方も多いかもしれません。けれども、気質論はそうしたある種のレッテル貼《ば》り（「A型は几帳面《きちょうめん》」「O型は

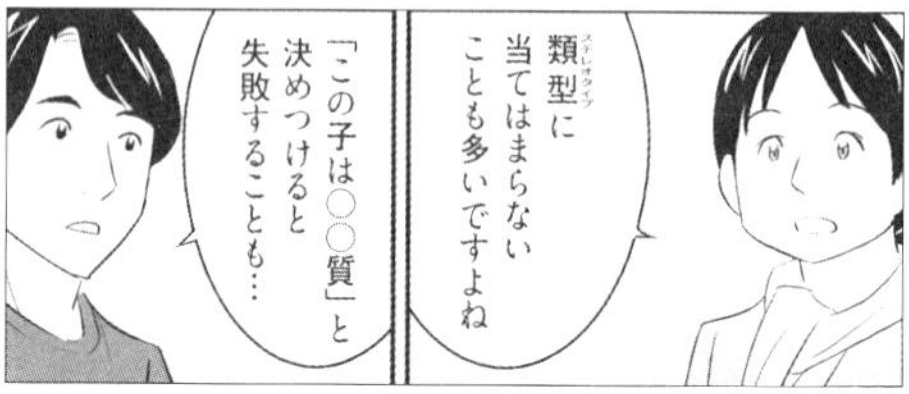

▲「気質」の考え方は、子どもの個性をつかむためのヒントである。レッテル貼りにならないよう、注意が必要。

大雑把《おおざっぱ》」など）とは一線《いっせん》を画《かく》します。シュタイナー教育では、絶えず揺《ゆ》れ動き、生きて存在している子どもに関わるための、ひとつの視点を与えるものとして、気質論が位置づけられているのです。

私たちは、あるひとつの気質だけをもっているのではなく、4つの気質をあわせもっています。ただ、そのうちひとつの気質が支配的になることが多いのです。環境によっても、強く現れる気質は異なります（家庭では胆汁質が強く出るけれど、学校では粘液質が表に出るなど）。

気質のプラス面とマイナス面

また、それぞれの気質は、**プラス面とマイナス面の両方をもっている**と考えるべきです。

胆汁質は、プラスにとらえれば「活動的」で「力強い」といえますが、マイナスにとらえれば「破壊的」で「気性《きしょう》が激しい」。

多血質は、プラスにとらえれば「陽気」で「社交的」といえますが、マイナスにとらえれば「軽はずみ」で「飽《あ》きっぽい」。

粘液質は、プラスにとらえれば「穏《おだ》やか」で「粘り強い」といえますが、マイナスにとらえれば「怠惰《たいだ》」で「何ごとも遅い」。

憂鬱質は、プラスにとらえれば「思慮《しりょ》深い」「感受性が鋭い」といえますが、マイナスにとらえれば「消極的」で「傷つきやすい」。

気質の考え方はきわめて有効です。気質論は、**子どものタイプに応じて、はたらきかけの仕方を変えていく必要がある**ということを私たちに教えてくれます。子どもの気質に寄り添った関わり方をするということです。

子どもを「叱《しか》る」と、気質のマイナス面を刺激することになります。シュタイナー教育では、そうしたことを続けていると、子どものマイナス面がどんどん強調されていってしまうと考えられています。

重要なのは、**子どもの気質をきちんと受け止め、ポジティブな要素を伸ばしていくこと**なのです。気質を無理に変えようとすることはご法度《はっと》です。

気質の見きわめ方

ある人の気質を見きわめるポイントは、次のふたつです。❶「**すぐに何かに反応するかどうか**」と、❷「**自分のものにできるかどうか**」。これを組み合わせたのが、次のページの表です。たとえば、すぐにものごとに反応するものの、それを自分のものにできない場合は、「多血質の子ども」ということになります。

ただ、**子どもは多かれ少なかれ、多血質的な傾向を示す**ものです。本来の気質は、7歳以降に徐々に現れるともいわれています。

同じ状況に直面しても、その人の気質によって、リアクションは異なります。長年シュタイナー学校の教師をつとめたルネ・ケリードーは、次のような例を示しています。

		すぐに何かに反応するか	
		反応する	反応しない
自分のものにできるか	できる	**胆汁質**	**憂鬱質**
	できない	**多血質**	**粘液質**

▲気質を見きわめるポイント（『4つの気質と個性のしくみ』をもとに筆者作成）。

ある日の教室での出来事。水の入った大きなバケツが蹴《け》り倒され、大量の水が床にこぼれるという大惨事。

多血質の子どもたちは、すぐに椅子の上に飛び上がり、「いったいなんだ！」と叫びだす。

胆汁質の子どもたちは、モップとバケツを取りに駆け出してゆく。

粘液質の子どもたちは、椅子に座ったまま、足が濡《ぬ》れないよう両足を持ち上げます。

憂鬱質の子どもたちは、立ち上がってはみたものの、水の中で立ち尽くしたまま。

（『シュタイナー教育の創造性』、58－59ページ）

これは面白い描写だと思います。出来事への反応によって、その子の気質が見えてくるのです。

子どもの気質だけでなく、**親が自分の気質を理解しておく**ことも重要です。

親が胆汁質で、子どもが粘液質の場合を想定してみましょう。エネルギッシュな胆汁質の親から見ると、粘液質の子どもがノロマに見えてしまい、イライラの原因となってしまうこともあるかもしれません。胆汁質の早苗さんは、琢磨君のゆっくりしたペースに対して、すぐに怒ってしまっていましたが、大切なのはその子の気質を知ったうえで、尊重することなのです。

気質論を学校教育に応用する

気質の考え方は、学校教育にも応用可能です。

たとえば、児童・生徒の座席決めの場面。憂鬱質の子どもは客観的で冷静なので、教室の後方に配置すると、落ち着いて授業が受けられるといいます。

また、同じ気質の子ども同士を近くに座らせると、クラス運営が円滑《えんかつ》になるとも考えられています。「同じ気質の子ども同士が近くに座っていると、そのエネルギーが

	胆汁質の親	多血質の親	粘液質の親	憂鬱質の親
胆汁質の子ども	子どもは有言実行の親を尊敬する。ただし、親が抑圧的に関わることで、子どもの攻撃性が誘発される可能性あり。	子どもが自分自身のことをきちんと受け止めてくれていないと感じる可能性あり。約束を守らなかったり、大事なことを忘れられたりすると、子どもの怒りは大きくなる。	すぐにカッとなりやすい子どもは、粘液質の親によって落ち着いていられる。だが、子どもの行動に関心を示さなければ、成果を認めてもらいたい子どもが反発する可能性大。	子どもの気性が激しいため、子どもの言動によって、親が深く傷つく恐れあり。そのことをいつまでもおぼえていて、子どもを責め続ける可能性もある。
多血質の子ども	ちょっとしたことで子どもを叱らないように注意が必要。辛抱が続かない子どもの様子を見て、苛立つことも多い。	親も子どもも退屈さを嫌い、刺激を求めるので、気が合う。むしろ、根気強くものごとに取り組む姿を子どもに見せる必要あり。	親の穏やかさにより、子どものせわしなさがなだめられる。ただ、子どもが退屈してしまう恐れあり。	子どもが言うことを聞かないと、親がすぐに批判する傾向あり。ちょっとしたことで文句を言ったり、叱ったりしないよう注意が必要。
粘液質の子ども	子どもはいつも急かされ、叱られてばかりの状態に陥る可能性あり。その状態が続くと、ますます子どものマイペースな傾向が強まる。	親が提供するさまざまな刺激によって、子どもが陥りがちな無関心状態を克服することができる。	穏やかな家庭の雰囲気を作ることができる。ただし、子どもに多様な関心をもたせることに苦戦する恐れあり。	子どもの世話は行き届くが、親がわが子のことを、必要以上に心配する傾向あり。子どもの短所に目が行きがちなので、成果をしっかりとほめることが必要。
憂鬱質の子ども	子どもの痛みや悲しみへの共感が難しい。子どもの気持ちに寄り添うために努力が必要。	子どもの痛みや悲しみに共感することはできるが、それが持続しない。そのため、親のはたらきかけが十分に行き届かない可能性あり。	子どもの痛みや悲しみを正面から受け止め、思いやることは難しい。だが、粘液質の穏やかな雰囲気は、憂鬱質の子どもに安らぎを与える。	子どもの痛みや悲しみに共感することができる。お互いの気質が鏡映しになり、親子の間に調和がもたらされる。

▲子どもと親の気質の組み合わせ（『４つの気質と個性のしくみ』をもとに筆者作成）。

助長《じょちょう》されてしまうのでは？」と思われる方もいらっしゃるでしょう。けれども、子どもは同じ気質同士で遊ぶのがよいとシュタイナーはいいます（『子どもの健全な成長』、145ページ）。自分と同じタイプの子どもがすぐ近くにいることによって、その相手のうちに自分を見いだし、相手のふるまいを見ながら、自己修正できるのです。

たとえば、同じ気質の子がよくないことをする姿を見て、「こんな風にはなりたくない！」と思い、自らのあり方を整えていくわけです。ここでベースとされている考え方は、「**同じものは同じものを認識する**」（ヘルムート・エラー『人間を育てる』、232ページ）というものです。ただしもちろん、実際の現場では、発達障がいやグレーゾーンをはじめ、発達の特性にもとづく配慮も必要となるため、気質以外の面も総合して、席順やグループ分けを考えています。

何度も強調したいのですが、気質を把握することは、レッテル貼りとは異なります。多様な子どもの姿を理解するための、ひとつの視点を与えるものとして、参考にしていただければと思います。マンガの中で藤本先生も早苗さんに注意を促《うなが》しているとおり、もっとも大切なのは、**子どもたちのありのままの様子**を、注意深く**観察**することなのです。

第3章

家庭でできるシュタイナーの幼児教育

Story 3

子育ては
こんなに楽しい！

6:32
ゲッ!!
もうこんな時間!?
起きなきゃ〜!!

ごめん
寝すごしちゃった
ママー お早よう
大丈夫だよ
土曜日だから
そうか…
今日休みか
ママ
だっこー
ほっ。
よしょっ
もうお着替え
終わってる…
わーい
洗濯機も回してるし
ゴミも出したから
さすが ミスター
パーフェクト！
だから もっと
寝ててよかったのに
でも 休日も
平日と同じリズムで生活
したほうがいいからさ！
シュタイナー教育の
理想からしたら
そうかもしれないけど…

無理のない範囲でいいと思うよ
毎日仕事で大変なんだしたまにはゆっくり寝ててほしかったんだ
ありがとう…これから夜はできるだけ早く寝るよ
…ってなにエプロンしてんの⁉
なんか今朝は料理もできそうな気が…
シュタイナーの子育てでは生活のリズムがとても大事です
それだけはやめてー
目玉焼きくらい作れるのにー
ジュ〜
規則正しいリズムの毎日をくり返すこと
お待たせ〜! みんなで食べよう!!
いただきま〜す!
はさんで
第1・7年期の子どもは体を発達させながら意志を育てます

忙しいからといって急《せ》かしたりすると子どもの自主性が育ちません
おかたづけしょうねー
規則正しいリズムに子どもが自然と従うようになれば
ゴシゴシ
いちいち指図《さしず》したり介入したりしなくてすみます
ゴシゴシ
さて
今日は前々からの予告どおり
リビングの模様替《もようが》えを行いたいと思います!
みんなで力を合わせて気持ちのいいお部屋を作りましょう!!
おー

これが今までのわが家の子どもスペースですが――
子どもはまわりにあるすべてから影響を受けてしまうので
もってきたよー
目につく雑多なものを片づけて安らげる空間にします

天蓋《てんがい》でせまい空間を作ると子どもは安心する
わーい
棚《たな》には落ち着いた色の布をかける
ステキ…
たしかにいい感じだね
模様替え大成功！
やった～!!

午後はゆっくりと
近くの公園に
散歩に行きます
お花だ〜
わー
今の時期の琢磨は
「**本物**」に**ふれる**ことが
大事なの
自然にじかにふれて
たっぷり味わうことで
さまざまな感覚を養《やしな》って
いく時期なんだよ
オレも
あのくらいのころは
木の枝や小石で
遊んだなあ
ポツ
ゲッ 雨？
天気予報のウソつき〜
パパ 琢磨をお願い
おう
ザー
琢磨〜
帰るよ〜

ザー
本降《ほんぶ》りに なってきたな
しっかり
ふこうね
じゃあ ぬらし絵でも やろうか
ぬらし絵？
❶厚手の画用紙を 水に浸《ひた》します （5分ほど）
❷黄・青・赤の 透明水彩絵の具を 水で溶《と》きます
❸画用紙を画板《がばん》の上に 広げて スポンジ などで余分な水分を 取り除《のぞ》きます
❹水を含んだ 画用紙の上に 筆で絵の具を のせると――
ピト

じわ〜〜〜…。
色が広がる!!
わー
面白いね〜
ピンポーン
はいっ
ヤガワ運輸《うんゆ》でーす
わー
混ざると色が変わってきれいだね！
何だった？
ひとつはお義母《かあ》さんから
ウチの母さん？
開けるよ

あーっ ヴァルドルフ人形だ!!
作ってって頼んだんだった
よく出来てる
ほとんど顔がない人形なんだね
これくらいのほうが子どもの想像力が広がるんだって
貸して〜
はい
ほかにも何か届いたの？
これはオレの実家から
手作りのつみ木
うわ〜ステキー!!
退職したオヤジが木っ端《こば》にヤスリかけて蜜蝋《みつろう》塗って作ったんだ
それってシュタイナー教育に使うつみ木と同じ作り方だよ？

じつはオレ…ママの置いてたシュタイナーの本読んだんだよ
え？
藤本桜麻
やさしくわかる シュタイナー教育
素朴《そぼく》なおもちゃのほうがいろんなものに見立てられて想像力がふくらむんだろ？
いいなあ…って思ってさ
パパ…
でもあの本 けっこう難しくなかった？
え？超わかりやすかったよ 2日くらいでさっと読めたけど
？
私が1カ月半かかった本を…
さすがはミスターパーフェクト…

雨やんだね～
よかったー
お片づけも「早くしなさい」とは言いたくないので
小さな土の妖精《ノーム》やってきて言ったよ♪
くるくるくる シュッシュッ シュッ♪
楽しく歌いながらリズムに乗って片づけます
お片づけ～♪
お片づけー
子どもは片づけを通して秩序の感覚を身につけていきます

ずっと こんな休日をすごしたかったんだよ～
長いこと忙しかったもんね
今まで 勉強会の発表とかが立て込んでたけどこれからはちょっと余裕ができそうだから
これまで ご迷惑おかけしました
オレは嬉しいんだよ
嬉しい？
シュタイナー教育を勉強し始めてから早苗は早苗らしくなったよね
昔みたいな燃えてる早苗が戻ってきたなって

三成《みつなり》君…
最近はさらに成長して
余裕のあるあたたかさ…って感じかな
いやあ照れるなあ
でもさ
あえて聞くけど…シュタイナー教育にのめり込みすぎてるってことはないかな？
極端な考え方に走るのも危なかったりはしないかな？
……
世の中にはいろんな教育法がある
どんどん知識を吸収させる早期教育だってあるし
エー
A
幼いうちから多くのメディアにふれさせようって考え方もある

現代人には そういう教育のほうが 必要だって意見も ありうるよね？
……
…私は ほかの人が 早期教育を選ぶのは 否定しないけど
自由に遊んだ 子どもこそが 本当の思考力を 身につけられる と思うし
とんねる～
幼い時期に 感覚を通して 体を育てる ことが一生の財産に なるはずだと思う
まあオレも 個人的には そっち派だな
勉強「させられた」 子は 勉強好きには ならないよ
メディアについては… できるだけ テレビや動画を 見せないようにしたい
テレビの映像からは 「本物」の感触《かんしょく》は 受け取れないし――
にゃん にゃん
じーー
その強い刺激《しげき》に さらされると 子どもは体が 固まってしまう

ある程度の年齢までは その刺激から 守ってあげるのも 大切かなって…
そうか…
私も…
半端な知識で 「シュタイナー教育は 絶対だ」なんて 考えちゃダメだと思う
スッ
だから これからも 勉強し続けて いきたいの
？
ドサッ
こ これは…？
最近オレが読んだ シュタイナー教育本
すっかり ハマってるじゃん！
読んだことないの あったらどうぞ
勉強させて もらいます〜!!

第3章
解説

Point

意志と感覚を育てる生活

1 第1・7年期の乳幼児を対象とする教育では、子どもの**意志**を育てるために、生活の**くり返しのリズム**を大切にするとよい。

2 **遊び**をつうじて世界とかかわる幼児期の子どもには、**想像力**をかきたてるような、シンプルなおもちゃが最適である。

3 幼児期の子どもはあらゆるものから直接的に影響を受けてしまうので、**感覚**をすこやかに育むためには、**環境作り**への配慮が重要である。

乳幼児期の重み

「世界中を旅行したとしても、そのすべての世界旅行よりも、生まれてからの数年間に乳母から学んだことの方が、はるかに大きい」。これは、ドイツの小説家**ジャン・パウル**（Jean Paul, 1763-1825）の作品『レヴァーナ、または教育の教え』の中で述べられていることですが、シュタイナーはこの見解に深く同意しています（『シュタイナー・コレクション1　子どもの教育』、37ページ）。

子どもにとって、それほどの重みをもつ乳幼児期。第2章で見たように、この時期の幼児は、教えられることによってではなく、**模倣**によって学びます。生まれてからの数年間（第1・7年期）は、**お手本**となる大人に導かれ、子どもは自らの土台となる**からだを形成していく**のです。

では、具体的に子どもたちと、どのようにかかわっていけばよいのでしょうか。本章では第1・7年期の子どもたちに寄り添っていくための、いくつかのポイントを示したいと思います。

リズムの重要性

幼児期は、**リズム**（**くり返し**）を大切にするべきです。リズムは子どもに、**安定した環境**を与えます。世界を、〝自分にとって不確《ふたし》かなもの〟ではなく、〝安心して見通すことのできるもの〟とみなせるようになるからです。

くり返しによって、ものごとの流れが**習慣化**されたとき、頭で考えずとも体が動くようになり、子どもたちの心にくつろぎがもたらされます。シュタイナーの幼稚園では、1日、1週間、1カ月、1年のリズムを、とても大切にしています。

リズムは**意志**を育てます。この点は、第1章と第2章で見たシュタイナーの発達論と連動しています。

第1章で解説したとおり、シュタイナーの発

▲生活のくり返しのリズムを守ることが、子どもの意志を育てることにつながる。

達論において、第1・7年期の課題は、子どもの意志を育てることです。無秩序《むちつじょ》な環境では、子どもが「やりたい」と思ったことを尊重できません。のびのびと自主性を発揮できるようにするための〝枠《わく》〟が必要なのです。ここでの〝枠〟とは、子どもたちをしばりつけるものではなく、**大人が子どもに過度《かど》に干渉《かんしょう》しない**ためのものです。もし〝枠〟がなければ、「早く寝なさい！」「早く起きて！」などと、大人が子どもの行動に介入する機会が増えてしまいます。子どもが大人の命令によってではなく、自分の意志で行動するために、生活リズムを整えることは不可欠といえます。マンガでも、規則正しいリズムを取り入れることで、早苗さんも穏やかに琢磨君と接することができています。意志は、リズムを整える中で育まれるのです。

遊びと想像力

幼児期の子どもたちは、**ファンタジー**の世界を生きています。子どもたちはいまだ「目覚めていない」のです。「夢の中でまどろんでいる」と言い換えてもよいかもしれません。

乳幼児教育と小学校以降の教育との顕著《けんちょ》な違いは、前者が「**遊び**」を中心として行われている点にあるでしょう。

普通、私たちは「労働・学習」と「遊び」を、二項対立的にとらえています。労働・学習はまじめな事柄であり、遊ぶことは余暇《よか》や息抜きとみなされます。そして概《がい》して、遊びは労働・学習よりも、価値の低いものとされます。

幼児教育においては、子どもをただ遊ばせているだけで、学びの程度は低いのでしょうか。そうではありません。乳幼児教育における遊びは、決して息抜きや気晴らしなどではなく、子どもにとっては真剣な行為なのです。そして、**遊びをつうじて子どもはファンタジーの世界に浸《ひた》り、世界と出会っていく**のです。

子どもたちとかかわっていくうえで、何より大人自身が、遊びの価値を理解し、自ら遊ぶことができなければならないでしょう。これは言い換えるならば、大人でありつつ、子どもでもあり続けなければならないということです。

大人は、「**意味**」に縛られた世界を生きています。鉛筆は勉強に使うもの、帽子は頭にかぶるもの、椅子は腰をかけるもの……。ファンタジーの世界に浸っている子ど

▲シンプルなヴァルドルフ人形も、つみ木も、想像力による「見立て」をうながす。

もたちは、遊びをつうじて、そうした「意味」を容易に突き破っていきます。鉛筆をバットにしたり、帽子をフリスビーにしたり、椅子を船に見立てたり。子どもの想像力・創造力は、しばしば大人を驚かせます。

シュタイナー幼稚園に用意されているおもちゃは、見立て方によって何にでも形を変えるものばかりです。道端《みちばた》で拾った小枝、木の実や小石。高価なおもちゃを用意する必要はありません。子どもたちにとっては、**身近にある自然の贈《おく》り物**が、想像力をかきたてる素敵なおもちゃとなります。

単純であればあるほどよい、これが原則です。人形も、目や口がついているだけのシンプルなもののほうが、子どもの想像力がかきたてられます。マンガに登場した、早苗さんのお母さんお手製《てせい》の**ヴァルドルフ人形**も、目や口が小さく、子どもの想像力によって多彩な表情を見せるものとなっています。

シュタイナーの十二感覚論

幼児期は、**からだ全体が感覚器**となっています。知性のフィルターなしに、見たもの、聞いたもの、ふれたものすべてから、じかに影響を受けてしまいます。

感覚は、世界と出会うための窓です。人間には、いくつの感覚が備わっているでしょうか。

通常、私たちは5つの感覚＝「五感」で外の世界をとらえていると考えられています。目で見、耳で聞き、肌でふれ、舌で味わい、鼻で匂《にお》う——これらの感覚が、世界と関わるための通路だとされます。

ところが、シュタイナーの人間観では、**全部で12の感覚がある**と考えられているのです。感覚を12という数でとらえ直してみると、これまで見えなかった新たな世界が立ち上がってきます。

12の感覚とは、**触覚《しょっかく》・生命感覚・運動感覚・平衡《へいこう》感覚・嗅覚《きゅうかく》・味覚・視覚・熱感覚・聴覚《ちょうかく》・言語感覚・思考感覚・自我感覚**です。これらを分類・整理したのが下の図です。

これらの感覚は、**下位↓中位↓上位の順で発達していく**と考えられています。

ここでそのすべてを詳細《しょうさい》に解説することはできないので、幼児期の教育と深く関連している、下位の感覚に絞《しぼ》って説明したいと思います。

▼シュタイナー思想における12の感覚は、家にたとえられる。十二感覚論については、大村祐子『シュタイナー教育に学ぶ通信講座　第1期』において、くわしい解説がなされている。

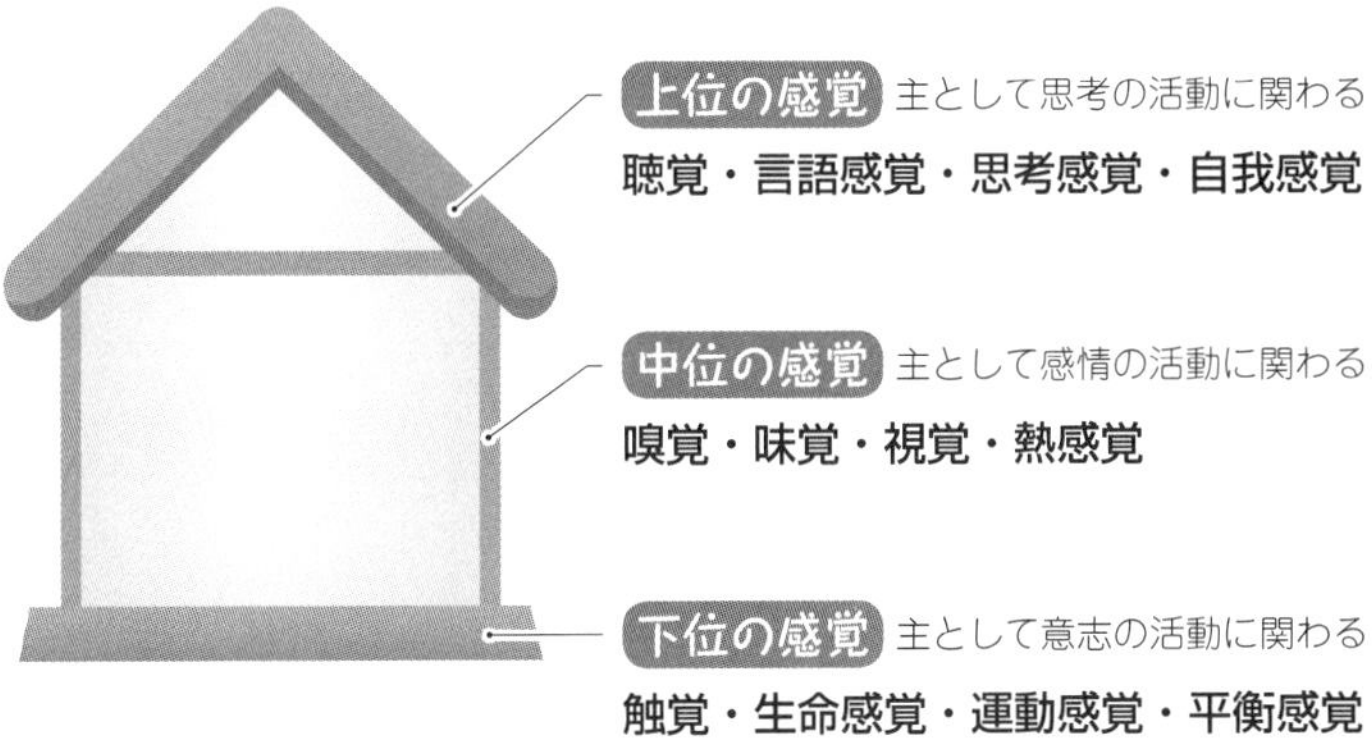

土台となる触覚

0歳から7歳までは**下位の感覚**、すなわち、触覚・生命感覚・運動感覚・平衡感覚を育《はぐく》むことが重要だとされています。そして、**下位の感覚を育んでおくことによって、のちに上位の感覚を育んでいける**とされます。

産道《さんどう》を通って生まれる体験、お父さんやお母さんに抱《だ》っこされる体験は、子どもが触覚で世界にふれる、原初的な体験になります。おくるみでしっかり包《つつ》んであげることも大切。子どもは、触覚をつうじて世界に接する中で、**自分の内と外の境界**を体験していきます。

面白いことに、触覚を十分に育むことによって、「私は他人《ひと》と違う、ほかならぬ私である」という**自我感覚**が培《つちか》われます。つ

▲幼児期に大切なのは、触覚を土台とした直接体験である。

まり、子どもたちが（下位の）触覚をつうじて体験するものが、（上位の）自我感覚のベースを形作ると考えられているのです。

また、触覚を土台とした**直接体験を重視**するシュタイナー教育では、「**子どもにテレビを見せることは避けられるべきだ**」と考えられています。世界に直接ふれる経験を積むことによって、土台となる感覚を育んでいくことが重要なのです。

▼シュタイナー教育では、子どもにはテレビをはじめとした電子メディアにふれさせないほうがよいとされる。

生命感覚・運動感覚・平衡感覚

同じく下位の感覚である**生命感覚**とは、端的にいえば、自分のからだの調子を知覚する感覚です。赤ちゃんは、生命感覚が活発にはたらいています。「お腹《なか》が減《へ》った」

「眠い」「気分が悪い」など、からだの状態を全身で訴えます。

私たちは、普段はあまり生命感覚を意識することはありませんが、疲れがたまっていて、何だかからだがだるい、重いと感じるときなどには、生命感覚によってからだの調子を知覚しています。生命感覚が鋭敏《えいびん》ならば、からだの調子を自覚することができます。けれども、それが鈍《にぶ》ってしまっていると、からだが悲鳴を上げているのに仕事を続け、気がついたら大病を患《わずら》っている、などということにもなりかねません。

生命感覚を育むためには、**生活のリズム**が重要です。先に述べた、生活リズムを整えることは、子どもたちの生命感覚の成長にもかかわってくるのです。

運動感覚は、自分のからだの動きを知覚するための感覚です。私たちを動きへと駆り立てているものをつかみとること、それは喜びの感情を生み出し、意志を育みます。

子どもは隙《すき》があれば部屋中、ひたすら動き回ります。飛び回ったり、走り回ったり、大人を困らせることもしばしばです。運動感覚を育てるには、無秩序に動き回ればよいというわけではなく、**動きに形を与えてあげる**ことが重要になってきます。

幼児期の子どもにとって、**平衡感覚**を育むことも不可欠です。平衡感覚は、私たち

感覚	はたらき	育てる方法
触覚	からだでものにふれる感覚	抱っこ、おくるみ、ものにふれること
生命感覚	自分のからだの調子を知覚する感覚	生活のリズムを整える
運動感覚	自分のからだの動きを知覚する感覚	動きに形を与えてあげる
平衡感覚	自分のからだのバランスを知覚する感覚	バランスを取る遊び

▲幼児期に育むべき「下位」の感覚。

が空間において直立姿勢を保つために必要なものです。子どもたちは、丸太の上でバランスを取って歩いたりするのが大好きですが、そういった遊びの中で、平衡感覚を育てることができます。

平衡感覚をきちんと育むことによって、算数の学びのための土台も形成されます。算数の式には「＝」（イコール）が用いられますが、**右辺と左辺のバランスを取る力**にも、平衡感覚はかかわってくるのです。シュタイナー教育では、「算数の苦手な子どもたちには、ただ計算ドリルを与えればよい」とは考えません。からだを動かして平衡感覚を育てることも重要だとされています。

また興味深いことに、平衡感覚が育てば、

人と人との適切な距離感を測《はか》ることができるようになるといわれています。平衡感覚は自我の土台を形作り、自らの立脚点を定めます。

ちなみに児童期以降の話になりますが、シュタイナー学校の独自科目「**フォルメン線描《せんびょう》**」（187ページ参照）では運動感覚が磨《みが》かれますし、音と言葉の動きの芸術「**オイリュトミー**」（185ページ参照）では、運動感覚・平衡感覚が育まれます。

環境作りの大切さ

先に見たとおり、からだ全体が感覚器となっている子どもたちは、環境からの影響を直接的に受けます。だからこそ、**子どもがすごす環境**に対しても、細心の注意を払う必要があるのです。**雑多《ざった》なものは片づける、棚《たな》には布をかけて中身が見えないようにする**など、さまざまな環境作りのコツがあります。

シュタイナー教育の現場では、**照明**に配慮がなされています。全体を一様《いちよう》に明るくするのではなく、空間の中に**明るい部分と暗い部分を作る**ことも重要とされます。家

▲子どもがすごす環境作りは、「子どもに不要な刺激を与えないように」という観点から行うとよい。

の中では、蛍光灯《けいこうとう》よりもやわらかくあたたかい、白熱灯《はくねつとう》を使うのがよいでしょう。

先にもふれましたが、テレビやスマホなど電子メディアについては、子どもたちに与えないのが基本です。しかし、「テレビを撤去してしまうのはちょっと……」と抵抗がある方は、布をかけて子どもの目にふれないようにするのも手です。

ところで、シュタイナー教育をご家庭で実践しようとされる方の中には、お子さんがお友だちの家に遊びに行ったときに、違う生活スタイルに感化され、「テレビを見ない」「おもちゃはシンプルなものに」といった原則が崩《くず》れてしまうのではないかと、心配になる方もいらっしゃるかもしれません。けれども、家庭でのリズムやスタイルが確立されていれば、よそで刺激を受けたとしても、もとのリズムに戻ることができます。だからこそ、子どもたちにとっての基盤《きばん》となるリズム作りが重要なのです。

シュタイナーの音楽教育

シュタイナー教育には独自の音楽論もあり、幼児期には、「レミソラシ」の「5度の音階《おんかい》」である**ペンタトニック**の楽器が使われます。

ペンタトニックの音階は、どのように弾《ひ》いても不協和音《ふきょうわおん》になりません。この音階は、子どもにとって非常に心地よく、わらべうたなどもペンタトニックの音階でできています。ペンタトニックの音階は、全音階とは異なり、子どもたちが聴《き》いていて「曲が終わった」と感じる音がありません。**音がずっと続いていく感覚**を聴き手に与えるのです。

このようなペンタトニック音階の特徴により、幼い子どもたちは**〝夢見がちな状態〟にとどまる**ことがで

▼ペンタトニック（5度の音階）を構成する音。

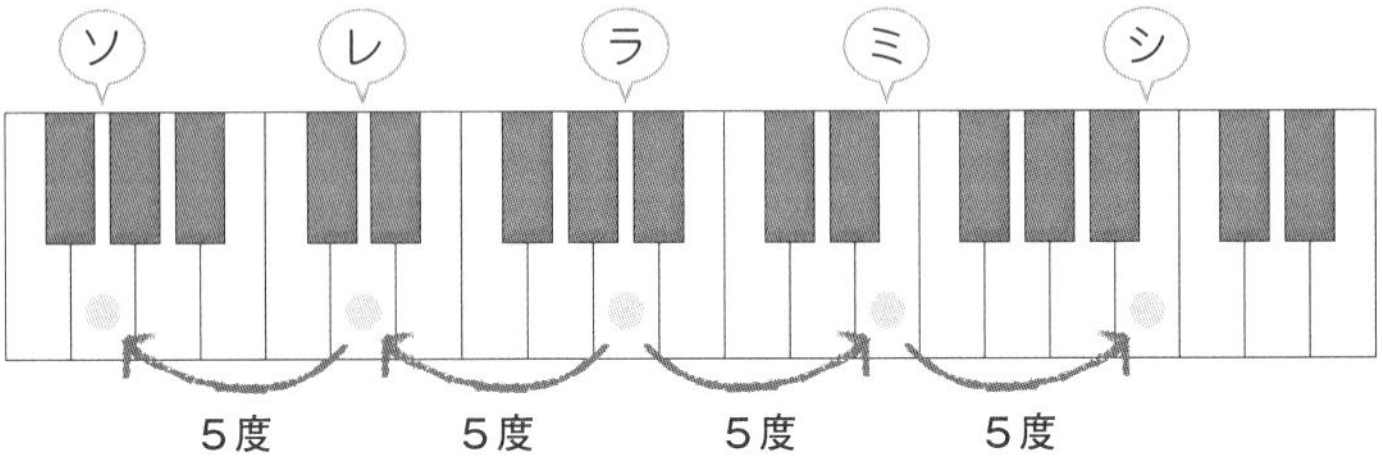

きます。こうした体験を十分に味わい尽くすことで、多くのエネルギーが、からだの健全な発達に用いられるようになるといわれています（ラヒマ・ボールドウィン・ダンシー『新版　親だからできる赤ちゃんからのシュタイナー教育』、190ページ）。

なお、シュタイナー学校では、小学3年生（9歳ごろ）の、主観・客観の意識が芽生え始める節目の時期（「**9歳の危機**」、100ページ参照）に楽器を習い始めます。最初はみんなで同じ楽器を演奏し、のちに個々の楽器を習っていきます。

ぬらし絵の実践

ここでひとつ、ご家庭でできる代表的な実践を紹介しましょう。マンガの早苗さん一家も楽しんだ**ぬらし絵**です（「にじみ絵」ともいいます）。水を含ませた画用紙に透《とう》明水彩《めいすいさい》を置いていく実践で、幼児期から6、7年生まで行われます。

準備は次のように行います（クレヨンハウス編集部編『おうちでできるシュタイナーの子育て』、63ページ）。

▲ぬらし絵の様子。

❶透明水彩絵の具（赤・青・黄の3原色のみ）と、16〜18号くらいの平筆《ひらふで》を用意する。

❷少量の絵の具を、20〜30ミリリットルの水で溶《と》く。

❸画用紙を5分程度水に浸《ひた》し、水をたっぷりと含んだ状態にする。

❹画用紙を画板《がばん》の上に広げ、海綿《かいめん》（スポンジ）で拭《ふ》いて、余分な水分を取り除《のぞ》く。

この状態で絵筆を画用紙に置いてみると、色彩がにじみながら、描き手の意図《いと》しない形に、どんどん広がっていきます。そして、色と色がぶつかるところで、新たな色が生まれます。

ここで重視されるのが、**色彩の世界を全身で感じるプロセス**です。色が画面に広がっていくプロセスに身をゆだね、徹底的に色彩の世界に入り込んでいきます。

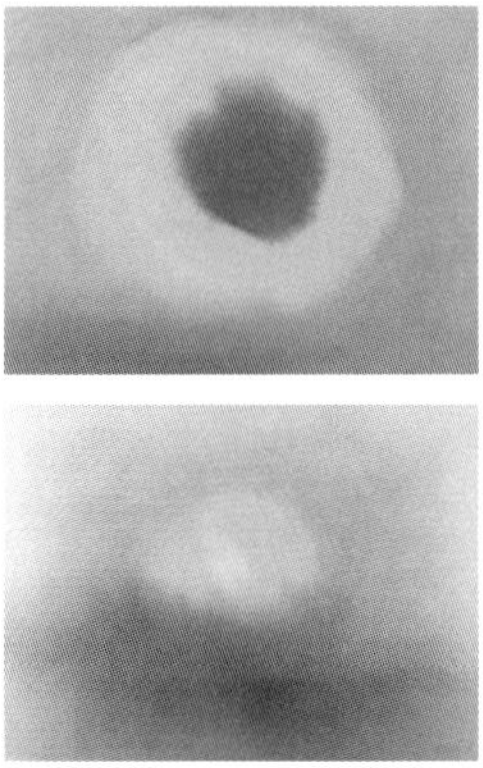

▲絵の具がにじんで、さまざまな色や模様が生まれる。

シュタイナーには独自の色彩論があり、それに従えば、たとえば黄色は光を、青は闇を象徴します。ぬらし絵で黄色と青がぶつかると、接点には緑が生まれます。この色彩体験を通じて、子どもたちは「光と闇が出会うところに緑（自然）が生まれる」といった物語を、観念的にではなく、からだ全体をつうじて学ぶことができます。シュタイナーの幼児教育では、「黄色と青色を混ぜれば緑色になる」と知的に教え込むことなく、知らず知らずのうちに学ばせるのです。

児童期以降の教育へ

先ほど環境作りについて述べましたが、環境は児童期以降の子どもたちにとっても重要です。シュタイナー学校では、**学校建築**にも工夫が施《ほどこ》されています。

読者のみなさんが通《かよ》っていた学校の、教室の壁は何色だったでしょうか。シュタイナー学校では、シュタイナーの色彩論にもとづき、学年ごとに教室の色が異なっています。口絵2は、シュタイナー学園の1年生の教室の様子です。天井や壁が、子どもたちを包み込むイメージの、薄いピンク色で彩《いろど》られています。学年が上がるにつれ、暖色から寒色へと変化します。色だけでなく、子どもたちの発達に合わせて、教室の使い方も変化します。たとえば1年生の教室は、中心に向かうように椅子が並んでおり、円形に配置されています。

子どもたちが日々をすごす空間自体にも、配慮がなされているのです。というのも、教室環境は、子どもたちの学びを支える、とても大事なものだからです。

シュタイナーは「**すべての教育は自己教育である**」と述べており、人は自分で自分を教育することしかできない、と考えています。すると結局、教師や大人にできるのは、**子どもの「環境」として在《あ》ること**だけです。そして、まわりにいる教師や大人といった人的環境だけでなく、「どのような空間で学ぶか」という物理的環境に対して繊細《せんさい》な配慮を施《ほどこ》すことも、子どもたちがよりよく自己教育を行うために、非常に重要なのです。

第4章

児童期以降の教育

Story 4

私の持ち場はここにある

子どもたちは
7歳になる年度から
小学校に入りますが
針谷小学校入学式
シュタイナー教育を実践する
シュタイナー学校という
選択肢もあります
シュタイナー学校では
クラス替えがなく
担任*も持ち上がりが
多い――
ときに　ぶつかることが
あったとしても
粘り強く人間関係を
築く力が養われて
うん
ごめんね
強い信頼感が
作られていきます

＊担任は変わることがあります

＊シュタイナー学園の高等部では教科書を使うこともあります

ひとりひとりの子どもと
向き合いながら…
ゆっくりと時間をかけて
育む学び…
学校 楽しい！
先生 大好き！
ワーー
これは…
私の理想の
教育かも…!!
3年13組
早苗先生！
ゲッ
ドッ
け…けっこう
当たりがキツ…
なにっ?

いッ!?
イダッ!!
はッ!?
琢磨…
……

プァ〜〜ン
ガタン
ゴトン
シュタイナー教育との
最初の出会いが
違ってたら…
シュタイナー学校の
教師になる道も
あったかなあ…
そうしたら
今とは違った
人生が…
パン
そんなこと
考えても仕方ない！

私は
自分の持ち場で
ベストを尽くすだけ！
3年2組の
子どもたちが
私を待ってる!!
早苗先生の心がまえ
ワー ワー
3年2組

だからそのとき
言ったんだけどさあ
もういい加減にして
って思ったわけ
楓ちゃん
あっ
しまったあ～！
チャイムが鳴ったら
静かにだった!!
残念でしたー
愛される
権威としての
自覚をもち
お前ひとりだったんだぞー
三四郎君
怒らないで
ありのままの
子どもの姿を
まったくー
ごめ～ん
しっかり
見つめようと
思っています

早苗先生の実践①
では これから理科の時間ですね
授業時間は勝手に変えられないのでエポック授業はできませんが…
この前どんなことをやったかおぼえてる人～
はーい
学びのつながりを意識させるように工夫しています
早苗先生の実践②
さらにその次の時間は――
国語は今日から新しいお話に入ります
あっ
教科書はまだ見ないでね！

斎藤隆介 作　滝平二郎 絵『モチモチの木』（岩崎書店）

イメージ豊かに暗唱できるようにじっくり準備してきたのだ‼
これは本当に大変だから公立学校では毎回できることじゃないけど——
お話の世界にどっぷりつかる体験をさせてあげたかったのと
…おしまい
静かに人の話を聴けるようにするねらいがあるんです
平和

し〜ん
わっ
先生すごい!!
おぼえたの!?
お話面白い!!
は〜いみんな落ち着いて〜
じゃあ最初から…
ねえねえ先生〜もう1回お話して〜
燕ちゃん授業を進めさせてね
もう1回お話してよ〜
うまくいきすぎたかなあ…

休み時間
青竹《あおたけ》 文男《ふみお》(50)
(久しぶりに登場)
八塚先生…ずいぶん前衛的《アヴァンギャルド》な授業をしているそうですね
はあ…
お耳が早い…
工夫もけっこうですが極端なことはやめてくださいよ
いえ でも…
ほかのクラスとの足並《あしな》みを乱されては困るんですよ
ああ
いいじゃないですか教頭先生
こっ 校長!
いつの間に?
子どもたちも喜んでいるようですし
まあ 大丈夫ですよ

それから八塚先生！
先生のクラスの伊地知燕ですがね！あの子は相当な問題児ですな!!
燕ちゃんが何か…？
花壇《かだん》の花を引っこ抜く！
ウサギを逃がす！
やたらに深い落とし穴!!
まさか教頭先生その穴に…？
学校のきまりを破って楽しんでるんですよ！
何とかしてくださいね!!
すみません…
たしかに燕ちゃんは…
順番だよ
私から
困った行動の多い子です…

どうして
あんなことしたの？
そのたびに
話をするのですが…
…ごめんなさい
本当に悪いと
思ってるのかな…
謝っても すぐ
また同じような
ことが起こるんです
そして
ある放課後――
ねえねえ
ちょっと やめて

廊下が騒がしいな
貸してよっ
やめてってば！
ガラッ
何を騒いでるの？
これ どんな気持ち？ どんな気持ち？
バンバン
やめてってばー
ガン
やめてよ〜

やめなさい!!
ビクッ
先生～
大丈夫だよ
…ごめんなさい

燕ちゃん
本気で謝ってる？
ダッ
……
タタタタ…

そうか…
その子も…
傷ついてるかもね…
藤本先生…
ひどいことを
言ってしまいました
でも…
燕ちゃんの「ごめんなさい」は
その場しのぎなんじゃないかって…
そう思ってしまうんです
私…
燕ちゃんのことを
好きになれて
ないんです…
……

…このままじゃ いけないことは わかってるんです
どうしたら いいんでしょうか
…八塚さん
シュタイナー教育は 技術じゃない
その子の本当の姿を 見つめなさい
本当の姿…

どうか 燕ちゃんを
愛せますように…!!
その数日後の休日
ショッピングモール
JUFCO
久しぶりに来たね
うん
あっ

燕ちゃん…
八塚先生！お世話になっております
こんにちは
ほら燕！ごあいさつしなさい
先生こんにちは
こんにちは
？
学校とはまるで別人のおとなしさ…でも
どこか…おどおどしてる？
お母さんとお買い物？
うん！お洋服を買ってもらうの
燕!! 何ですかその返事は！
は、…

「うん」じゃなくて「はい」でしょう！
どうしてきまりを守れないの！
…ごめんなさい
あ…
燕ちゃんは…これまでおうちの中で ずっとお母さんの言うとおりにきまりを守ってきたんだ
きまりを破ったことを怒られたら「ごめんなさい」と言うしかなかったんだ…

ガミ
ガミ
だけど燕ちゃんは今
「9歳の危機」…
自我が芽生えて
お母さんとの
一体感からも
切り離される時期…
その不安の中で
自分を解放しようと
やめてよー
必死にもがいている
のかもしれない…！
その子の本当の
姿を見つめなさい
しつけが行き届いて
おりませんで…
本当にお恥ずかしい
お母さん

大丈夫ですよ
私は…この子への思いを変えていける
コッ
コッ
シュタイナー教育は技術じゃない
燕ちゃん
はい
これから私がこの子の本当の姿に向き合っていくことが…
また明日学校で燕ちゃんに会えるの
先生楽しみだな!
私の理想の教育なんだ

第4章
解説

Point

シュタイナー学校の実践

1 児童期以降の教育を行うシュタイナー学校のカリキュラムの柱は**エポック授業**であり、**オイリュトミー**、**フォルメン線描**など独自の科目がある。

2 クラス替えのないシュタイナー学校では、**長いスパンでの学び**が可能であり、**人間関係構築力**も養われる。

3 シュタイナー学校での教育実践が示しているのは、**知の有機的なつながり**や、**授業の一回性**といった、生きた学びの本質である。

カリキュラムの柱　エポック授業

シュタイナー教育では、子どもたちが将来、真に自由に生きていくことができるよう、カリキュラムが綿密《めんみつ》に組み立てられています。そこには、「自由放任」という意味での自由の余地は、ほとんどありません。

本章では、児童期以降の教育の実際について、相模原のシュタイナー学園の事例をもとに解説します。シュタイナー教育の本質をつかむためにも、方法論とそれを支える教育観を、同時に学んでいきましょう。

シュタイナー学校のカリキュラムは非常に特徴的で、通常、私たちが思い浮かべる学校のイメージとは、大きく異なります。次のページの表をご覧ください。これはシュタイナー学園の６年生の時間割（２０１８年度）です。

シュタイナー学校のカリキュラムの柱となるのが、**エポック授業**です（「エポック」とは「エポック・メイキング」というときの「エポック」と同じであり、「重要なことがらが生じる時代」を意味しています）。エポック授業とは、午前中の約１００分

	月	火	水	木	金
エポック 8:30-10:15	エポック授業				
専科Ⅰ 10:35-11:20	コーラス	手の仕事／工芸	水彩	英語	練習
専科Ⅱ 11:25-12:10	中国語		練習	書道	英語
昼食・昼休み・清掃					
専科Ⅲ 13:10-13:55	体育	工芸／手の仕事	オイリュトミー	練習	オイリュトミー／練習
専科Ⅳ 14:00-14:45			園芸	練習	練習／オイリュトミー
専科Ⅴ 14:50-15:35	園芸		ホームルーム		

▲シュタイナー学園の６年生の時間割（2018 年度）。

間、主要科目（国、数、理、社）のうち**同じひとつの科目を、集中的に3～4週間学び続ける**授業形式です。その間、他の主要科目を学ぶ時間は設定されていません（ただし、時間割上に設けられている「練習」の時間に、漢字や計算の練習などが行われています。4、5年生になってくると、「練習」の時間に国算社理の内容を学びます）。

体育や音楽などは、エポック授業の対象になりません。それらの科目は「専科《せんか》」と呼ばれ、エポック授業のあとの時間帯に学んでいくことになります。また、シュタイナー学校では子どもたちの**共感**を育てるため、外国語の学習を重視しており、小学1年生から、2カ国語の外国語を学びますが、これもエポック授業の対象にはなりません。

エポック授業の構成

小学1年生から、子どもたちが100分間もの授業を体験することについて、「ちょっと長すぎるのでは？」と感じた方もいらっしゃるでしょう。けれども、じつのところ、その100分間は3つのパートに分かれています。**❶リズム部分**、**❷中核部分**、**❸物語り部分**の3つです。この3つのパートは、「目覚め」「活動」「眠り」に対応しています。

❶リズム部分＝「目覚め」のパートでは、歌唱《かしょう》や詩の朗誦《ろうしょう》、リコーダーの演奏など、クラス全体が調和するようなアクティビティが行われます。

次に❷中核部分＝「活動」パート。これは1日にたとえるならば、日中に相当します。ここでは、子どもたちが学習テーマに関する教師の話を聞いたり、事物を観察したりします。学んだ内容を**エポックノート**にまとめるのも、この時間帯です。

最後に❸物語り部分＝「眠り」のパート。1日の終わりに相当します。メルヘンや寓話などを教師が静かに語り、子どもの興奮・緊張を解きほぐします。

100分間の授業がこのように分割されることによって、子どもたちは単に知的な活動に終始するのではなく、からだ全体で学びを深めていくことになります。また、100分全体の流れの中では、収縮《しゅうしゅく》と拡散《かくさん》、集中と解放、緩急《かんきゅう》、息を吸う・吐くなどのリズムが大切にされています。

教科書代わりのエポックノート

シュタイナー学校では、教科書を使用しません（ただし、シュタイナー学園の高等部、10～12年生では教科書を使うこともあります）。エポック授業で使用される**エポ**

ックノート（口絵8など参照）が教科書代わりとなります。

エポックノートには、教師が黒板に描いた絵や文字が、子どもたちの手によって、そのまま**模写**されます。つまり、与えられた教科書があるのではなく、子どもたち自身が授業中、自らの手で教科書を作っていくのです。

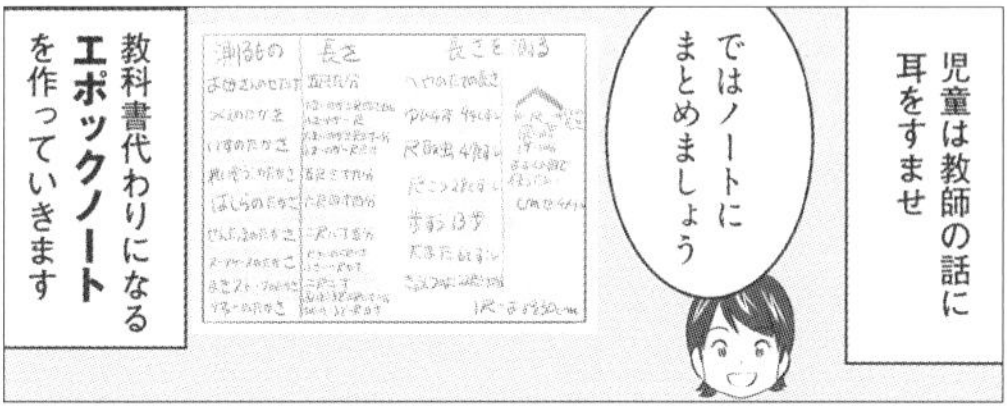

▲授業中に作られるエポックノートが、教科書の代わりになる。

エポックノートの大きさは、教科や学年によって違います。エポックノートの体裁《ていさい》は、B4サイズあるいはA4サイズが多く、B4サイズはおもに1～3年生で使用され、4年生以上はA4サイズを使用する機会が増えていきます。

紙質は厚めで、各ページの間には薄紙がはさみ込まれています。ノートを書く際には、色鉛筆やクレヨンを使用することが多いため、ノートを閉じたとき反対側のページに色が移ってしまわないよう、そのような形式になっているのです。このエポックノートはしっかりとした作りなので、長期の保存に耐えられます。

忘れることが大事

ひとつの教科だけに集中して、連続して3～4週間学び続けるエポック授業。このカリキュラムだと、たとえば算数のエポックが終わったあと、次にまた算数のエポックが回ってくるのは数カ月後ということになります。

「せっかく算数の勉強をじっくり行っても、次に算数を学ぶまでの数カ月の間に、学んだ内容をすっかり忘れてしまうのではないか」という心配が、即座に湧き起こってくるのではないでしょうか。

ところが、シュタイナー教育では、学んだ内容が忘れられ、消えてなくなるとは考えられていません。ゆっくりと時間をかけて深く学習がなされているため、そこでの学びは、時間が経てば剝《は》がれ落ちてしまうようなメッキの知識ではないのです。

むしろ、あえて学んだ知識を**一定期間寝かせ、醸成《じょうせい》**する。そして、時間を置き、再びその知識と出会い直すのです。学んでは忘れ、忘れてはまた再会する。このくり返しの中で、知識が血肉化し、からだに刻み込まれていくのです。

つまり、表面的に忘れることは避けられるべきことではなく、学んだことが内面で深まるために、むしろ必要なことと考えられています。

「忘れること」までも含めて教育が設計されているのですから、シュタイナー学校には中間試験・期末試験などのペーパーテストが存在しません（ただし、シュタイナー学園の初等部高学年以降は、「確認テスト」などがあります）。「いかに多くの知識を知っているか」「いかに早く正確に問題を解けるか」といった、ペーパーテストで測《はか》れるような知識は重んじられていないのです。「テスト当日の時点で学習内容を記憶できているかが勝負」という発想や、「テスト後にすぐ内容を忘れてしまっても、とにかくテストの時点で力が発揮できればそれで評価される」というような考え方とは違って、ものごとを深くじっくりと学び、知識を本当に自分のものにすることが求められているのです。

テストがないわけですから、数値化された内申書《ないしんしょ》というものも存在しません。内申書の代わりに、学年の終わりには、教師から子どもたちに詩や散文《さんぶん》が手渡されます（ただし、シュタイナー学園の高等部10〜12年生や、高校進学時に外部受験する9年生には、内申書があります）。

エポック授業を支える教育システム

エポック授業という独特のカリキュラムを支えるのが、**8年間一貫担任制**です。シュタイナー教育では、12年間のうち1年生から8年生までの間、同じひとりの担任のもとで、学びを深めていくことが目指されています。現代では、そのときどきの状況に合わせて担任が変わることもありますが、ドイツでシュタイナー学校が始まった当初より、8年間一貫担任制は基本理念として教育の根底に位置づけられています。

子どもたちが教師とともに、じっくりと時間をかけて学びを深めていけるため、たとえば、3年前の学習内容をクラス全員で共有したり、低学年の段階で、高学年の学びへの布石《ふせき》を打っておいたりすることも可能となるのです。

シュタイナー学園2年生の算数、「位取り《くらい》」の授業を例に取りましょう。写真のように、「すもう大会のために全国から集まったねずみが宿屋に泊まる」という状況が描き出されます。「一屋」「十屋」「百屋」という名の宿屋にねずみが宿泊する場面を思い描きながら、イメージ豊かに「位取り」の学習が進められています。

▲算数「位取り」のエポックノート。

じつは、その伏線として、これまでの他の教科の学習の中で、すでにねずみたちの物語が語られていたのです。つまり、「ねずみの宿屋」の物語は、「位取り」の説明のために急遽《きゅうきょ》用意されたものではなく、他の教科における学びとの、有機的な連関の中で持ち出されたものなのです。

このように**教科や学年を横断・縦断する学びのあり方**は、クラス替えのないシュタイナー学校ならではの醍醐味《だいごみ》ともいえるでしょう。

人間関係をじっくりと育てる

シュタイナー学校では、時間がゆったりと流れていきます。学びの内容を細切《こまぎ》れにすることなく、長期的展望でカリキュラムが設定されているのです。しかもそのカリキュラムは、子どもたちの成長とともに刻一刻《こくいっこく》と移り変わっていく、**生成するカリキュラム**です。エポック授業の数週間、毎日ゆっくりと、しかしながら着実に深められていく学習は、直線的に進んでいくのではなく、偶然性と必然性の間を絶えず揺れ動きながら、螺旋状《らせんじょう》に展開していきます。

粘り強く人間関係を築く力が養われて
ごめんね
うん
強い信頼感が作られていきます
▲クラス替えのないシュタイナー学校では、人間関係を粘り強く構築する力が養われる。

教師は、8年間ずっと子どもたちに寄り添うことで、子どもたちの個性を見きわめて、個々の特性に合ったはたらきかけをすることができます。それぞれの子どもがどのような家庭環境にあるかなども十分に理解し、配慮しながら教育的活動を行えるのです。

読者のみなさんの中には、8年もの間、同じクラスメイトとともにすごすことで、人間関係が限定され、子どもたちの世界がせばまってしまうことを危惧した方もいるのではないでしょうか。けれども、むしろ、そうした環境においては、**人間関係構築力**が育まれるともいえます。

もし1年ごとにクラスが変わるならば、気の合わない先生やクラスメイトがいた場合、何とかやりすごすこともできるでしょう。けれども、8年間という時間は、教師にも子どもにも「やりすごす」という選択肢を与えてくれません。そのため否応《いやおう》なく、「どうすれば多様な価値観を受け入れつつ、みんなと関係を築いていけるか」を、教師も子どもも考えていかなければならないのです。

シュタイナー学校の独自科目

さて、176ページの時間割を見ていて、気になる点はありませんでしたか？　見慣れない科目が目につくのではないでしょうか。

たとえば、第1章のマンガにも出てきた「**オイリュトミー**」（口絵1参照）。これは、シュタイナーが妻の**マリー・シュタイナー**（Marie Steiner, 1867-1948）の協力を得て創造した運動芸術（音と言葉の動きと表現が一体となった総合芸術）で、「オイリュトミー」という言葉は、ギリシャ語で「調和ある美」を表す「オイ」と、リズムを表す「リュトモース」とがひとつになったものです。

シュタイナー学校の科目としてのオイリュトミーは、子どもたちのうちに、心とからだの調和をもたらします。また、クラスのみんなでオイリュトミーの動きをともにすることによって、社会性が涵養《かんよう》されるとも考えられています。

「**手の仕事**」（Handarbeit）は1年生から始まる科目で、編《あ》み物、人形作り、刺繍《ししゅう》など、発達段階に合わせてさまざまな課題に取り組みます。1年生で毛糸の編み物を行い、学年が上がると、織《お》り物なども行います。

また、5年生から始まる「**工芸**」（Handwerk）では、木材や粘土、金属素材の加工が行われます。

▲「手の仕事」（織り）10 年生。

▲「工芸」（木の器作り）7 年生。

「**フォルメン線描**」（Formenzeichnen）という独自科目もあります（口絵7参照）。「フォルメン線描」とは、名詞フォルム（Form）の複数形と、動詞 zeichnen（線で描く／素描する）が組み合わさった言葉であり、しばしば略して「フォルメン」と呼ばれます。

シュタイナー学校においてフォルメンは、通常、1年生から4年生まで行われます（第2・7年期に相当）。子どもたちはフォルメンの授業の中で、直線、曲線、図形や模様など、世界のさまざまな形を、クレヨンで描いていきます（定規は使用しません）。

フォルメンの実践は、言語教育（文字学習）、幾何学の準備学習、調和・対称感覚の育成などに寄与《きよ》します。文字や図形といった形（フォルム）を、固定したものではなく、ひとつの動きとしてとらえる訓練がなされるのです。

さらに、先にふれたとおり、シュタイナー学校では**演劇教育**にも力を入れています。演劇教育は1年生から12年生まで、折にふれて行われるのですが、特に、節目となる8年生と12年生の時点で、クラス全員参加の演劇が作り上げられます。

また、時間割中の「**練習**」は、漢字の練習、算数の計算問題の演習、幾何《きか》の作図、地理のエポックでの地図作成、理科実験における表や図の作成など、エポックの内容に合わせて自由に使える時間となっています。

紙幅《しふく》の都合上、独自の科目ひとつひとつについて詳細に言及することはできませんが、シュタイナー学校では独自科目が、複数設定されているのです。

シュタイナー学校の道徳教育

さて、シュタイナー学校の時間割に、公立の学校には設定されている「道徳」の授業がないという点にも注目してみましょう。

シュタイナー学校には、教科としての「道徳」は存在しませんが、では道徳教育が行われていないかといえば、そんなことはありません。むしろ、**すべての教科の中で道徳教育が行われている**といっても過言ではないのです。シュタイナー教育では、「道徳」の位置づけも独特なのです。

シュタイナーは、教師が生徒に対して行うことのすべてに、道徳教育を浸透《しんとう》させなければならないと述べており、道徳だけ切り離して指導を行うよりも、教育のすべての場面を道徳的なものにしたほうが、はるかに高い成果をあげることができると断言しています（『教育と芸術』、27ページ）。事実、シュタイナー教育では、あらゆる科目の中で道徳教育が展開されます。

たとえば、シュタイナー学園のカリキュラムでは、8年生（中学2年生）の数学で「黄金比《おうごんひ》」（安定的で美しいとされる比率《ひりつ》）を学習します。その際に子どもたちは、世界に存在する美や調和の現象を調べることを通じて、すべてのものが有機的につながりあっていることを理解し、「崇高《すうこう》なもの」に目を向けます。その**「崇高なもの」との関わり**は、道徳教育の主要テーマのひとつです。また、9年生（中学3年生）の理科で有機化学を学ぶ際には、あらゆる人間や動物が、等《ひと》しく植物の恩恵《おんけい》にあずかっていることを、子どもたちは知ることになります。

シュタイナーは、真の自由を獲得した人は、同時に道徳的だと考えていました。つまり、「自由への教育」はそのまま、道徳的な人間を育てることにつうじており、自由な人間を育成するシュタイナー教育のカリキュラム全体は、道徳的人間を育てるように設計されたものであるともいえるのです。

知はつながりあっている

知は本来、**有機的に連関**しています。シュタイナー教育では、それぞれの教科は互いに呼応《こおう》し、響《ひび》きあっています。

エポック授業は、入り口の科目名としては国語、理科、社会などと分かれていますが、3～4週間の学びの過程で、子どもたちは教科の壁を超え、人間が蓄積《ちくせき》してきた「知の貯蔵庫《ちょぞうこ》」へと潜《もぐ》っていきます。そこにあるのは、もはや教科として切り分けられない次元の知です。社会科のエポックならば、「社会」という入り口から入りながらも、学びが深められ

▼知は本来、有機的に連関している。そのつながりを切り分けずに伝えていくことが、シュタイナー教育では目指される。

入り口	入り口	入り口	入り口
国語	算数	理科	社会

知の貯蔵庫

すべての知がつながりあっている

るにつれ、時代、国、文化を縦横無尽《じゅうおうむじん》に行き交う総合的な学びが展開します。そこには、道徳教育やシティズンシップ教育も、つねに通奏低音《つうそうていおん》として鳴り響いています。

たとえば、シュタイナー学園の4年生には、クラス全員が入れる家を全員で協力して作る、**「家作り」**の学習があります（口絵10参照）。これに取り組むには、じつに多くの知を集約する必要があります。また、建てた家の名前は、多数決ではなく、全員が一致するまで議論して決められますが、これが合議制《ごうぎせい》の原体験となります。

6年生では、古代ローマや飛鳥《あすか》時代の法の整備を学びます。これは、クラスでの決まりを子どもたちが話しあって決めていく活動に呼応しています。根拠《こんきょ》を示しながら自らの考えを発表することが目指されており、歴史の学びが言語活動と緊密につながっています。あらゆる学びがつねに、今を生きる自分たち自身を照らし、アクチュアルな問題へと結びついているのです。

こうしたシュタイナー教育のカリキュラムは、知を小分けにして子どもたちに伝えるやり方とは、設計が根本的に異なります。**知は本来、つながりあっている**のです。シュタイナー教育のカリキュラムでは、もともと有機的に結びついている知を裁断《さいだん》することなく、生きたまま子どもたちに伝えていくための工夫が施されています。

黒板絵について——授業の一回性をめぐって

各教科の学びにおいて、児童・生徒は、教師によって描かれた**黒板絵**をノートに描き写します。

口絵5・6をご覧ください。さまざまな色チョークを用いて描かれた黒板絵は非常に美しく、まるで完成されたひとつの絵画作品のようです。

しかも、この黒板絵を描いたのは美術担当の教員ではなく、クラス担任なのです。シュタイナー学校の教員は日々、授業に際して黒板絵を描いており、イメージをつうじて子どもたちにはたらきかけているのです。

黒板絵は保存することができません。それは、音楽を保存することができない事実と似ていますが、このことはシュタイナー教育の本質を表していると思います。

つまり黒板絵は、私たちに**一回性**の問題を突きつけているのです。その一回性とは、**授業という名の芸術の本質**です。

何らかの理由で授業を休んでしまった場合、一般的な学校教育においては、家で自学自習するなどして、学習内容を補《おぎな》うことができるでしょう。けれども、シュタイナー教育において、そうした穴埋めは基本的に不可能です。エポック授業は、教師と生徒がともに作り上げる一回限りの営みであり、その現場に立ち会うことなく、学びの内容だけを抽出《ちゅうしゅつ》しパッケージ化して学習することはできないのです。

　このことはまた、**学びのプロセスを重視すること**とも、密接に関連しています。シュタイナー教育では、あらゆる場面において、結果ではなくプロセスが大切にされるのです。

　授業は二度と再現できません。みんなでじっくりとひとつの事柄を学んだその時間は、「一回限り」であるからこそ、終わってしまうのが名残《なご》り惜《お》しいのです。

　思えば、「一回限りの

▲シュタイナー教育では、新しいことを教えるときは、最初に「全体」を生き生きと伝えることを大事にする。そのため国語では、教師が「素話」をするところから学びが始まる。シュタイナー教育の本質を探りながら、早苗も１回ごとの授業に工夫をこらしている。

営みである」という点は、シュタイナー教育に限らず、学校教育におけるあらゆる授業に共通します。しかし、通常私たちは、授業が一回限りの営みであることに無自覚です。現代日本の学校教育で行われている授業で、授業後に名残り惜しさを感じられるものが、どれほど存在するでしょうか。

マニュアル化できない授業

個々の実践は、一回限りの営みであり、教師と子どもたちとの日々の共同作業の中で紡《つむ》ぎ出されるのですから、シュタイナー学校の実践は、決してマニュアル化できません。

シュタイナー教育は、**子どもをコントロール可能な対象としてとらえ、合理的に導くことを目指す教育とは、発想が決定的に異なる**のです。目的に向って一直線に、最短距離を進むのとはわけが違います。ひとつの課題に対して、じっくりと時間をかけながら、ときに遠回りとも思えるような道筋をたどって、学習が進められます。

エポック授業では、教師と子どもがともに数週間、ひとつの科目にどっぷり浸りきるわけですが、当然その分、授業の遂行《すいこう》にあたって、不確定要素が大きくなります。何かを学習する際、その表面をなぞるだけならば、予定調和的にことが進むかもしれません。しかし、ものごとを深く掘り下げ、知のダイナミックなレベルにまで学習が進められるならば、子どもの学びを操作可能なものとみなし、コントロールすることなど、もはや不可能となります。授業が必然性と偶然性の狭間《はざま》を揺れ動き、ときに誰も予測できないドラマをもたらすのです。

だからこそ、シュタイナー教育に関するさまざまな実践を、そのまま別の状況下で再現することはできません。

エポック授業は、一般化を拒《こば》む**再現不可能**なカリキュラムであり、安易にその方法だけを真

▲十分に準備をして、思いどおりに授業を進めようとしても、子どもの反応によって、進行が変わっていくこともある。本文で「必然性と偶然性の狭間を揺れ動き」といっているのは、そういうことである。そしてその予測不可能性こそが、教育の本質だともいえる。

似ることは避けられねばならないのです。私たちが、シュタイナー教育のさまざまな実践例をつうじて垣間見ることができるのは、教師と子どもたちの間で数年間にわたって展開された授業実践の、氷山の一角にすぎません。目に見えない膨大な蓄積を無視して、部分だけを切り取り、安易な応用を試みることは意味をなさないのです。

シュタイナー教育では、先生たちも大変です。1年や2年で担当クラスが変わってしまうシステムでしたら、子どもたちとの相性が多少悪くても、やりすごすことはできるかもしれません。けれども、長期間にわたって筋書きのない物語（正確には、絶えず筋書きが書き換えられる物語）を紡ぎ上げていくには、保護者も交じえ、粘り強く子どもたちとの関係性を構築するしかないのです。

シュタイナー学校では、担任自身が、子どもの成長とともに、子どもとの相互作用の中で変化していかざるをえません。シュタイナー学校の教師には、**つねに変化に対して開かれていること**が求められるのです。

なお、シュタイナー学校の先生になるためには、シュタイナー教育の教員養成プログラムを通して訓練を受ける必要があります。シュタイナーの教員養成講座については、224ページからの付録「**シュタイナー学校の紹介**」を参照してください。

エピローグ

無限の可能性に目を向ける

Story 5

出発点に立って

3月
スポン♪
トンネルくぐってこんにちは～♪
ウサギになってピョンピョンピョン♪
お魚になってスーイスイ♪
余裕だな前とは大違いだ
もうすぐバスが来る時間～♪
だっこしなくて大丈夫?
ダッ
歩いていく!

成長したね…
じ〜ん
ママのおかげだよ…
3学期もみなさんといっしょにすごせてとても嬉しかったです
無事に終業式も終わり…
ハメをはずして変な遊びをしないように…

3年2組
それではこれで
みんなの3年生は
終了です
次は4年生だよ
楽しみだね！
春休み
みんな元気でね！
は〜い

さようなら
さようなら
さようなら~
先生 さようなら
さようなら
気をつけてね
はーい
あの ショッピングモールで 会った日のあと――
私は 燕ちゃんへの 言葉のかけ方を 変えようと
時間をかけて 試行錯誤しました
思いきって お母さんとも 話し合いをしました
もちろん ご家庭の しつけの方針を 否定するのではなく

燕ちゃんの状態を
理解して
自然な姿を
受け入れるために
何が必要かを
話し合ったんです
学校での燕ちゃんは
徐々に穏やかになり
家では…ちょっとだけ
反抗的になった
そうです
ま…それが
この年ごろだから！
さようなら
さようなら
ニコッ

3年2組
ガラッ
コッ
コッ
…終わった…
ん？
この1年…
いろいろあったなあ
理想の母親も
理想の教師も
ほど遠いけど…
スタートラインには…
立てたかなあ…？

何だろう?
〜先生の通知表〜
声がきれいだった 英子
ぜんぜんおこらなかった 正人
めあて守るの楽しかった 土筆
手さきがきよう 邦彦
やさしくてすき 美月
足がはやい 孝明
お話が面白かった 楓
わらうとかわいかった 三四郎
なわとびがとくい ふみ
歌がうまい 拓也
ドッジボールがうまかった ひとみ
かっこいい先生だと思いました 美香
自信まんまん〜 由宇
目ぢからが強い 健一
べん強を教えてくれてありがとう はると
字がじょうずだった 愛
いっぱい発表させてくれました 信夫
すごくやさしかった 真司
やさしくて楽しい まこと
えんぴつけずってくれた 風音
元気! 麻里

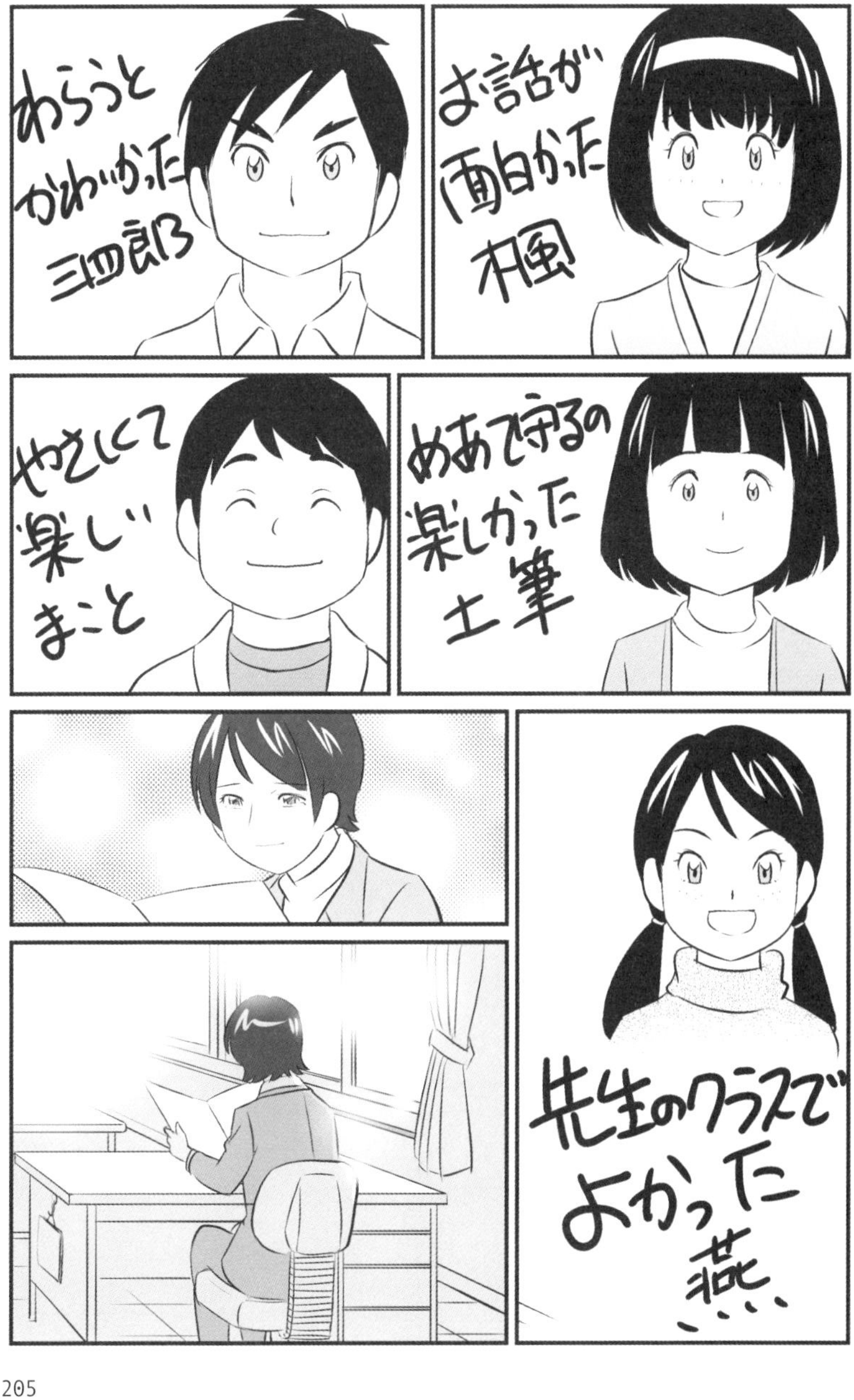
お話が
面白かった
わらうと
かわいかった
三四郎
めあて守るの
楽しかった
土筆
やさしくて
楽しい
まこと
先生のクラスで
よかった
燕

エピローグ解説

シュタイナー教育の実践とは

Point

1 相模原のシュタイナー学園では、学習指導要領の規定に従いながら、独自のカリキュラムを組んでシュタイナー教育を実践している。

2 シュタイナー教育の思想を理解し、自分のものにすることができれば、さまざまな形でシュタイナー教育を実践できる。

3 シュタイナー教育によって子どもたちが身につけるのは、せまい意味での「学力」にとどまらない、個性を発揮していく力である。

教育課程特例校とは――シュタイナー学園について

ここまで本書をお読みいただいたみなさんの中には、シュタイナー学校について、「こんなに自由なカリキュラムを組んで、はたして学校といえるのか？」「面白そうなカリキュラムだけれど、それがきちんと学校として認められているのか？」といった疑問が湧き起こってきた方もいらっしゃるのではないでしょうか。

相模原のシュタイナー学園は、私立学校としてカテゴライズされます。「**教育課程特例校制度**」によって、特別なカリキュラムを許可された学校法人です。「**教育課程特例校**」とは、特別の教育課程を編成して教育を実施することができる学校のことです。文部科学省は、ある学校やその学校が設置されている地域の実態に照らしたとき、より効果的な教育を実施するため、特別の教育課程が必要だと認められる場合などに、「教育課程特例校」を指定すると定めています（文部科学省「教育課程特例校制度実施要項」平成30年9月11日改正）。平成29年4月1日現在、この制度を活用した学校は、全国に３０００校以上存在します。この制度により、シュタイナー学園は

	1年	2年	3年	4年	5年	6年	合計
シュタイナー学園	798	913	1061	1098	1182	1209	6261
学習指導要領	850	910	980	1015	1015	1015	5785

▲シュタイナー学園における学年別授業時数。下段の総授業時数は、2020年度より全面実施される学習指導要領にもとづく。

特別なカリキュラムを組むことが認められているのです。

「教育課程特例校」の指定を受けるためには、学習指導要領において定められている内容事項が適切に取り扱われている必要があり、学習指導要領で定められている総授業時数が確保されていなければなりません。

たとえば、シュタイナー学園における1年生の総授業時数を見てみると、学習指導要領に定められた時数よりも52時間、学習時間が少なくなっています（上の表を参照）。低学年のうちはできるだけゆっくりと学習を進めたほうが、子どもにとって有効だと、シュタイナー教育では考えられているからです。けれども、2年生以降は総授業時数は増えていき、6年生までの学びを終えた時点では、学習指導要領の授業時数を大きく上回っています。シュタイナー学園では**学習指導要領との整合性を保ちつつ、特色あるカリキュラムが編成されている**のです。

シュタイナー教育を実践するということ

さて、何をもってシュタイナー教育とみなすか、これはきわめて難しい問いです。早苗さんにも今後、幾度《いくど》となくこの問いが突きつけられることになるでしょう。

ある実践が〝シュタイナー教育的〟かどうかを見きわめるにあたって、「このやり方は〝シュタイナー的〟に合っていますか？」と、すでに亡くなってしまっているシュタイナー本人に聞いてみることは、残念ながら不可能です。肝心なのは、シュタイナー教育のハウツーを学ぶことではなく、その魂の部分ともいうべき、**シュタイナーの思想を自分のものにする**ことなのです。思想の核心をつかみ取ることができれば、シュタイナー教育の基本的なあり方から、大きく逸脱《いつだつ》することもなくなります。

次のページの写真をご覧ください。これは小学1年生の算数のエポックノートです。ノートに記された数式を見て、「おや？」と不思議に感じた方もいらっしゃるのではないでしょうか。おそらく、私たちが見慣れているのは、左辺に式が、右辺に答えが配置されている形でしょう。シュタイナー学校の算数の授業で行われている「**逆**

▲小学１年生のエポックノート（算数）。「逆向きの足し算」が描かれている。

向きの足し算」では、その配置が逆転します。左辺に答えが、右辺に数式が置かれるのです。マンガの第1章にも、このような式が出てきましたね。

　ひとつの答えを求めるのではなく、無限の可能性に目を向ける「逆向きの足し算」は、シュタイナー教育のあり方そのものを象徴する実践だといえます。なぜなら、シュタイナー教育のさまざまな実践自体が、**逆向きの足し算と同じ構造**になっているからです。

　あらかじめ、シュタイナーの教育理論にもとづく確固たるメソッドが示されていて、教員がそれを〝善きもの〟として信奉《しんぽう》し、ひたすら忠実にその方法に従う（正しい方法はただひとつ）のではありません。シュタイナー教育の理念が、個々の教師のはたらきかけをつうじて**多様な形で具現化**し、個々の実践のうちに結実しているのです。そして結果的に、その細部に至るまで、シュタイナーの思想が生きた形で行き渡っています。シュタイナー教育のバリエーションは、「逆向きの足し算」と同じく無限なのです。

本書を読まれた方の中には、「シュタイナー教育に興味はあるけれど、家のまわりにシュタイナー学校やシュタイナー幼稚園がないから、実践は難しいかも……」とお考えの方もいらっしゃるかと思います。けれども、そのエッセンスさえおさえることができれば、いくらでもバリエーションを生み出すことができます。ご自身の状況に合わせて、**無理のない範囲でシュタイナー教育の考え方を取り入れていく**ことは可能なのです。

シュタイナー学校でなければ、シュタイナー教育が実践できないわけではありません。実際、公立学校でシュタイナー教育を行っている先生方もいらっしゃいます。シュタイナー教育に関する学びを深め、それを実践されています（「沖縄シュタイナー教育学習会　グラダリス」、「沖縄シュタイナー教育実践研究会」）。

シュタイナー教育で身につくものとは

シュタイナー教育に対しては、しばしば「本当にそんな方法で学力が身につくのか」といった疑問が投げかけられます。ここでちょっと立ち止まって考えてみましょう。そもそも**「学力」**とは何なのでしょうか。

「学力」の中身は、時代とともに移り変わっていきます。たとえば、江戸時代に求められた「学力」と、現代において求められる「学力」は、当然ながら異なります。グローバリゼーションが進行している現代では、英語を自在に扱えることが重視されていますが、江戸時代の子どもたちには、そんなことは求められていませんでした。つまり**「学力」とは、歴史や社会的文脈に依存した概念**なのです。

シュタイナー教育が目指しているのは、偏差値《へんさち》で数値化可能な「学力」をつけることではありません。真に自分自身と向き合い、社会において自分が果たすべき役割を見きわめ、個性を発揮していくための力をつけることが目指されています。「テストでよい点数が取れるかどうか」といった次元で語られる「学力」のイメージとは、別の次元の力を養うことを大切にしているといえます。

私たちは、シュタイナー教育にふれる中で、「学力」の中味そのものを、今一度問い直すきっかけを与えられることになるでしょう。

次のページからは、シュタイナー学園の卒業生の〝生《なま》の声〟を聴いてみたいと思います。

彼らは12年間、シュタイナー学園で学びました。短いながらも、ここで紹介する6つのメッセージをつうじて、シュタイナー学校での学びが彼らのうちにどのような力を育んだのか、その一端を垣間見ることができます。

卒業生の声は、シュタイナー学園ホームページの「FUJINO STEINER COLUMN」に掲載されています。紙幅の都合上、ここではほんの一部しか紹介できませんので、興味をもたれた方はぜひホームページ（https://fujino.steiner-column.com/）にアクセスしてみてください。

COLUMN

シュタイナー学園　卒業生の声

10期卒業生
鹿俣《かのまた》 直裕《なおひろ》（エンジニア、株式会社デンソー勤務。日本大学大学院修士課程修了）

大学院ではソフトウェアからハードウェアまで、航空機の制御について研究しました。研究テーマが今まで研究室で開発されてきた制御理論の実証実験なので、模型飛行機を造って飛ばしたりも。シュタイナー学園在籍時から好きだった紙ヒコーキや、大学の人力飛行機制作工房も続けていました（「鳥人間コンテスト」2年連続2位）。

現在は株式会社デンソーで車のガソリン噴射《ふんしゃ》システムの開発の仕事に携《たずさ》わっています。12年間の教育で得られた力を、ひとつ挙げるとしたら、今の僕を作っている要素のかなりの部分は、シュタイナー学園で培われたものだと思っています。色々なものを受け入れることができる度量の広さのようなものは、ここで身につけたものなのかな。多様な価値を受容しつつ、自分の好きなことをやっています。

12期卒業生 倉田《くらた》 もも（児童福祉司。立教大学卒業）

現在は児童相談所で児童福祉司《じどうふくしし》として働いています。シュタイナー学園の福祉実習で乳児院に行ったことは、進路を考える上で影響は大きかったですね。大学に入る時から、児童福祉に進みたかった、というか他のことに興味が向かなかったんですよね。大人の、特に家族の子どもへの影響というか、子どもの育つ環境にずっと関心がありました。これは多分自分が学園にいたことと関連があるのではないかと思います。大人が子どもの環境を整えるために、すごく力を入れている所なので。シュタイナー学園は、人としっかり関われる人を育てている学校だと思います。関係が密なので、他人との境界が近い学校です。

13期卒業生 清水《しみず》 隆陽路《たかひろ》（保育士。オイリュトミーシューレ天使館第5期卒業）

シュタイナー学園の卒業生は、やりたいことのために頑張っている人が多いと思います。普通にOLをやっているとしても、それはちゃんと自分のやりたいことだったりします。人と比べてどうこうではなく、自分の能力として、もっといろいろなことができたら嬉しいとは思います。私より年収がいい人がいるとしても、その人と同じことを自分がやりたいわけではないから、あまり羨《うらや》ましいとは思いません。羨ましいとか、妬《ねた》ましいとかいう価値観はないですね。どちらかというとマイナス思考な方だとは思いますが、最後には、大丈夫でしょうと思えるんです。これは、手を動かして学んできた、シュタイナー学園の出身者に共通する価値観かもしれませんね。

16期卒業生　角田《つのだ》 萌果《もか》（俳優、劇団青年座。新国立劇場演劇研修所修了）

先生に正解を教わるのではなく、自分達でテーマについて考察し、意味を考え、問いを立てる行為がとても面白かった。そんな授業での体験が、戯曲《ぎきょく》を分析し、バックグラウンドを調べ、それをもとに人物を想像して創り上げていく、今の俳優という職業につながっていると感じています。研修所時代にはさまざまな社会問題をディスカッションする機会も多くありましたが、そういった時にディスカッションの経験がほとんどない同い年の同期の研修生は、年上の同期に対して萎縮《いしゅく》して意見が言えなかったり、多面的に考えることが難しかったりするようでした。シュタイナー学園ではディスカッションは日常のことだったので、私は同い年の同期に比べて自分の意見を抵抗なく話すことができました。

16期卒業生 川村《かわむら》 拓希《ひろき》（写真家。日本写真芸術専門学校卒業）

僕がシュタイナー教育で得たものの一つは「悩む訓練」をたくさんしたことだと思っています。写真学校に行った時、答えのないところに向かって頑張ることが出来ない人が多いのかな、と思うことがありました。でも芸術は答えがない。答えがない状態で悩み続ける。その訓練のようなことを、授業や卒業プロジェクトを通してシュタイナー学園でたくさん経験できたことは良かったと思っています。僕は何かを決めつけられることにとても抵抗があります。言語が自分の感情に追いつかないようなことを悩むのが、僕にとっての写真なので、その都度《つど》、その都度、小さい答えを出しながら、わからないことに向かって悩み続けていきたいです。

17期卒業生

佐々木《ささき》 礼《れい》（看護師。国立病院機構横浜医療センター附属横浜看護学校卒業）

シュタイナー教育を通して得たものは「人を信じられる」という絶対的な感覚でしょうか。先生も保護者の方々も、大人たちは自分を思ってくれていると感じられたことや、どんな立場でも人は対等な関係なんだ、と思えるような経験や環境。それがわたしの基盤になっています。その基盤があったから、学校の外に出て理不尽なことを感じても頑張ることができたと思っています。今でもシュタイナー学園の同級生とは定期的に会っています。いつ会っても、何も話さなくても、心から安心できる「帰る場所」のような存在です。そんな人たちに出会えたことは本当に幸せなことだと思っています。

参考・引用文献（読書案内）

シュタイナー学園の実践

◉学校法人シュタイナー学園編『シュタイナー学園のエポック授業―12年間の学びの成り立ち』せせらぎ出版、2012年

シュタイナー学園のエポック授業の、より具体的な内容については、この文献をご参照ください。豊富なカラーページとともに、シュタイナー学園での学びが生き生きと解説されています。

シュタイナー教育の基本を知る

◉井藤元編『ワークで学ぶ教育学』ナカニシヤ出版、2015年

◉岩橋亜希菜『シュタイナーの子育て30のヒント』河出書房新社、2015年

◉NPO法人京田辺シュタイナー学校編『小学生と思春期のためのシュタイナー教育―7歳から18歳、12年間一貫教育』学習研究社、2006年

◉NPO法人京田辺シュタイナー学校編『親と先生でつくる学校―京田辺

シュタイナー学校12年間の学び』せせらぎ出版、2015年

●大村祐子『シュタイナー教育に学ぶ通信講座　第1期』全6巻、ほんの木、1999~2000年

●大村祐子『シュタイナー教育に学ぶ通信講座　第2期』全6巻、ほんの木、2000~2001年

●大村祐子『シュタイナー教育に学ぶ通信講座　第3期』全6巻、ほんの木、2001~2002年

●尾崎博美・井藤元編『ワークで学ぶ教育課程論』ナカニシヤ出版、2018年

●加納美智子『今日からできる7歳までのシュタイナー教育』学陽書房、2006年

●クレヨンハウス編集部編『おうちでできるシュタイナーの子育て―「その子らしさ」が育つ0~7歳の暮らしとあそび』クレヨンハウス、2009年

●『月刊クーヨン』第15巻第11号、クレヨンハウス、2010年

●『月刊クーヨン』第22巻第9号、クレヨンハウス、2017年

●月刊クーヨン編集部編『0~7歳を大切にする　シュタイナーの子育て』クレヨンハウス、2009年

●子安美知子他編『子どものいのちを

育む　シュタイナー教育入門』学習研究社、２０００年
◉高橋巖『シュタイナー教育の方法――子どもに則した教育』角川書店、１９８７年
◉広瀬俊雄・秦理絵子編『未来を拓くシュタイナー教育――世界に広がる教育の夢』ミネルヴァ書房、２００６年
◉広瀬牧子『気質でわかる子どもの心――シュタイナー教育のすすめ』共同通信社、２００６年
◉ヘルマン・コェプケ（森章吾訳）『９歳児を考える』水声社、１９９９年
◉ヘルムート・エラー（鳥山雅代訳）『人間を育てる――シュタイナー学校の先生の仕事』トランスビュー、２００３年
◉ヘルムート・エラー（鳥山雅代訳）『４つの気質と個性のしくみ――シュタイナーの人間観』トランスビュー、２００５年
◉エリザベト・M・グルネリウス（高橋巖・高橋弘子訳）『七歳までの人間教育――シュタイナー幼稚園と幼児教育』水声社、２００７年
◉ルネ・ケリードー（佐々木正人訳）『シュタイナー教育の創造性』小学館、１９９０年
◉ローター・シュタインマン（鳥山雅代訳）『おとながこどもにできること

―シュタイナーのこどもの育てかた』春秋社、2008年

●ラヒマ・ボールドウィン・ダンシー(合原弘子訳)『新版 親だからできる赤ちゃんからのシュタイナー教育―子どもの魂の、夢見るような深みから』学陽書房、2014年

●バーナデッド・ライチェル(入間カイ訳)『乳幼児のためのシュタイナー保育―からだ、心、精神のための「おうち」づくり』水声社、2009年

深く学びたい方のために

●アルバート・ズスマン(石井秀治訳)『人智学講座 魂の扉・十二感覚』イザラ書房、1998年

●井藤元『シュタイナー「自由」への遍歴―ゲーテ・シラー・ニーチェとの邂逅』京都大学学術出版会、2012年

●ルドルフ・クッツリ(石川恒夫訳)『フォルメンを描く―シュタイナーの線描芸術 I』晩成書房、1997年

●ルドルフ・クッツリ(石川恒夫訳)『フォルメンを描く―シュタイナーの線描芸術 II』晩成書房、1998年

●エルンスト=ミヒャエル・クラーニッヒ、マルグリット・ユーネマン、ヒルデガルト・ベルトルド=アンド

レ、エルンスト・ビューラー、エルンスト・シューベルト（森章吾訳）『フォルメン線描―シュタイナー学校での実践と背景』筑摩書房、1994年

◉ハンス・ルドルフ・ニーダーホイザー（高橋巌訳）『シュタイナー学校のフォルメン線描』創林社、1983年

シュタイナーの著作

（本文で引用したもののみ）

◉ルドルフ・シュタイナー（高橋巌訳）『シュタイナー・コレクション1　子どもの教育』筑摩書房、2003年

◉ルドルフ・シュタイナー（西川隆範訳）『人間の四つの気質』風濤社、2000年

◉ルドルフ・シュタイナー（西川隆範訳）『子どもの健全な成長―シュタイナー教育基礎講座Ⅰ』アルテ、2004年

◉ルドルフ・シュタイナー（新田義之編訳）『教育と芸術』人智学出版社、1986年

付録

シュタイナー学校の紹介

「シュタイナー学園」について

本書のマンガ（第1章）に登場した**学校法人シュタイナー学園**は、前身であるアジア初のシュタイナー学校「東京シュタイナーシューレ」設立から30年以上経《た》つ、小中高12年一貫教育の私立学校です。学園のある神奈川県旧藤野《ふじの》町は、都心から約1時間、相模湖畔《さがみこはん》の自然豊かな地域で、持続可能な社会を目指す「トランジション・タウン」の活動も盛んです。

この藤野の地で、ルドルフ・シュタイナーの教育理念にもとづき、子どもの成長・発達に合わせた芸術性豊かなカリキュラムを実践。「あ

▼シュタイナー学園 名倉校舎（初等部・中等部）全景。

たま」と「こころ」と「からだ」のバランスの取れた、どんな時代においても自分らしく生きていける、本当の意味で自立した「自由な人間」を育てることを目指しています。

学校法人シュタイナー学園
神奈川県相模原市緑区名倉2805−1
TEL：042−686−6011

↓ウェブサイト
https://www.steiner.ed.jp/

シュタイナー学校に通うには

北海道から九州まで、日本各地にシュタイナー学校があります。ひと口にシュタイナー学校といっても、学校ごとにさまざまな特色があります。ぜひ各地のシュタイナー学校に足を運び、ご自身で感じてみてください。

くわしくは次のサイトをご覧ください。

↓日本シュタイナー学校協会
http://waldorf.jp/

このほかにも、学校協会には属していないけれど、シュタイナー教育を取り入れたフリースクールなども各地にあります。

シュタイナー学校の先生になるには

シュタイナー学校の先生になるには、**日本の教員免許**のほかに、**シュタイナー教育者養成課程**で、シュタイナー教育について専門的に学ぶ必要があります（NPO法人の学校では、日本の教員免許が必須でない場合もあります）。現在、日本にシュタイナー教育者養成課程をもつ大学はありませんが、国内外の独自の**シュタイナー教育教員養成講座**で学ぶ道があります。

日本にある複数の教員養成講座の中でも、日本シュタイナー学校協会による「連携型教員養成講座」では、日本各地のシュタイナー学校で教育実習を行い、より実践的な学びを通して、国内で通用する認定資格を取得することができます。さまざまなコースがあるので、ご自身に合った学び方を探されるとよいでしょう。

また、豊かな社会経験や、子どもの成長に真摯に向き合う姿勢も、シュタイナー学校の先生の資質としては重要です。

国内外のシュタイナー教育者養成機関については、次のサイトをご覧ください。

⬇日本シュタイナー学校協会〉教員養成

https://waldorf.jp/activity/training/

幼稚園・保育園の先生になるには

シュタイナー幼稚園・保育園の先生になるには、**日本の幼稚園教諭免許・保育士資格**のほかに、**シュタイナー幼児教育について専門的に学ぶ**必要があります（NPO法人の園では、日本の免許・資格が必須でない場合もあります）。

日本シュタイナー幼児教育協会で「シュタイナー幼児教育者養成講座」を開講しています。くわしくは次のサイトをご覧ください。

⬇日本シュタイナー幼児教育協会

http://jaswece.org/

おわりに

私は幼少期に、短い期間ですが、スイスのシュタイナー学校に通った経験があります。本書で登場する何枚かのエポックノートの写真は、私自身が30年以上前に描いたものです。シュタイナー学校ですごした時間は、短いながらも鮮烈で、今でもときどき当時の体験を思い出すことがあります。

小学1年生で、言葉も通じない、友だちも誰もいない異国の学校に入学したのに、不思議と「授業についていけなかった」というネガティブな記憶はありません。

シュタイナー学校では小学1年生から2カ国語を学ぶため、私は外国語の時間に、ドイツ語で英語とフランス語の授業を受けることになりました。もちろん学校に入りたてで、ドイツ語すら話せない状態です。学校に行くことが嫌《いや》になってもおかしくないところです。しかし幼い私にとって、シュタイナー学校の授業はただただ楽しく、心おどる体験に満ちていました。知性にではなく、からだ（意志や感情）にはたらきかける教育方法だからこそ、言葉がわからなくてもほとんど支障《ししょう》がなかったのです。

黒板絵、詩、メルヘン、音楽などをつうじて、「世界は美しい」というメッセージを、からだ全体で受け取りました。シュタイナー教育をつうじて得たそのような実感は、今でも確かに私のからだに刻み込まれています。

テストがなく、教科書もない。すべての教科に芸術が浸透している。そんなシュタイナー教育の実践は、私たちの常識を大きく揺さぶります。「あのようなやり方で学力がつくのか?」「テストがなかったら子どもたちは勉強しないのでは?」「社会に適応できなくなってしまうのでは?」……疑問はとめどなく湧き起こってきます。

けれども、シュタイナー教育の実践とその背景にある思想に向き合い、時間をかけて掘り下げていくと、「常識外《はず》れの学校」として片づけるにはもったいない、数多くの豊かなアイディアに出会うことができます。

もっとも、私は「一般的な教育に比べてシュタイナー教育はすばらしい」と主張したいわけではありません。そうではなく、シュタイナー教育について学ぶ中で、教育そのものを見つめ直すための「問い」を獲得することこそが重要なのではないかと考えています。教育が大きな転換期を迎えている現状において、本書がこれからの教育のヴィジョンを描き出すためのひとつの問いかけになることを願ってやみません。

さて、本書の主人公、早苗先生にはモデルが存在しています。沖縄の公立学校で長年にわたりシュタイナー教育の実践を行ってこられた、入福玲子《いりふくれいこ》先生です。

本書のマンガパートのさまざまなエピソードは、入福先生の実体験をもとにしています。シュタイナー教育のエッセンスをつかみ、公立学校での実践に応用するという挑戦は、夢物語ではなく、すでに実在する先生によって（さまざまな葛藤はありながらも）実践されてきたことなのです。入福先生から大きな勇気をいただき、早苗というキャラクターに命が宿りました。入福先生は現在、私が顧問をつとめる沖縄シュタイナー教育実践研究会の事務局長として、会の運営を担っておられます。現在沖縄では、シュタイナー学校設立の機運が高まっています。

また、本書は、学校法人シュタイナー学園の協力なくしては、決して誕生しませんでした。

シュタイナー学園では、マンガが禁止されています。そのため、シュタイナー教育についてマンガで紹介するという本書のコンセプト自体が、じつはご法度《はっと》なのです。けれども（企画自体が自己矛盾を孕《はら》んだものでありながら）、シュタイナー学園の先生方には、本書の意義をお認めいただき、貴重な資料をご提供いただくとともに、惜《お》しみないご助言、サポートを賜《たまわ》りました。とくに高等部教員の白田拓子《しらたひろこ》先生には、お忙しい中、数限りないアドバイスをいただき、丁寧《ていねい》に原稿チェックを行っていただきました。白田先生は本書に登場する「黒田先生」そのもののようなお人柄で、本書をあたたかく導いてくださいました。また、学園の保護者のみなさまにも、インタビューにご協力いただき、「親としてのリアルな声」をお聞かせいただきました。

本書が少しでもよい本になるようにと、一切妥協《だきょう》のないお仕事をしてくださった、漫画家の山中《やまなか》こうじさん、日本能率協会マネジメントセンターの東寿浩《あずまよしひろ》さん、ユニバーサル・パブリシングの清末浩平《きよすえこうへい》さん、脚本制作にあたって取材にご協力いただいた戸塚由貴《とつかゆき》さんにも、この場を借りて心よりお礼申し上げます。

最後になりましたが、本書を、長年にわたってシュタイナー学園で教員をつとめられた故・不二陽子《ふじようこ》先生に捧《ささ》げたいと思います。

２０１９年10月

井藤　元

【著者プロフィール】

井藤 元（いとう・げん）

1980年生まれ。京都大学大学院教育学研究科博士課程修了。博士(教育学)。現在、東京理科大学教育支援機構教職教育センター准教授。沖縄シュタイナー教育実践研究会顧問。著書に『シュタイナー「自由」への遍歴―ゲーテ・シラー・ニーチェとの邂逅』(京都大学学術出版会)、『笑育―「笑い」で育む21世紀型能力』(監修、毎日新聞出版)、『ワークで学ぶ教育学』『ワークで学ぶ道徳教育』『ワークで学ぶ教職概論』（編著、ナカニシヤ出版）などがある。

編集協力・本文デザイン・シナリオ制作／
ユニバーサル・パブリシング株式会社
カバーイラスト・作画／山中こうじ
協力／シュタイナー学園

マンガでやさしくわかるシュタイナー教育

2019年12月10日　初版第1刷発行

著　者 ―― 井藤 元

発行者 ―― 張 士洛
発行所 ―― 日本能率協会マネジメントセンター
〒103-6009 東京都中央区日本橋2-7-1　東京日本橋タワー
TEL 03(6362)4339(編集)／03(6362)4558(販売)
FAX 03(3272)8128(編集)／03(3272)8127(販売)
http://www.jmam.co.jp/

装丁――――ホリウチミホ(ニクスインク)
本文DTP――ユニバーサル・パブリシング株式会社
印刷・製本―――三松堂株式会社

ISBN 978-4-8207-3192-4 C0037
落丁・乱丁はおとりかえします。
PRINTED IN JAPAN